LES « TRUSTS »

ET LES

« INDUSTRIAL COMBINATIONS »

PAR

Auguste FABRE

Prix : 1 franc

NIMES
BUREAU DE « L'ÉMANCIPATION »
Directeur : M. E. de BOYVE
2, *Esplanade*

1903

OUVRAGES DU MÊME AUTEUR :

Un socialiste pratique. Robert Owen. Biographie de ce réformateur social. Ses tentatives en Grande-Bretagne et aux Etats-Unis. Introduction par Charles Gide .... Prix : Fr. 1 »

La concurrence asiatique et l'avenir des ouvriers européens 0 30

Les « sky scratchers » ou les hautes maisons américaines 0 30

Deux épisodes de la vie de Robert Owen . . 0 20

Le Féminisme, ses origines et son avenir . . 1 »

LES « TRUSTS »

ET LES

« INDUSTRIAL COMBINATIONS »

LES « TRUSTS »

ET LES

« INDUSTRIAL COMBINATIONS »

PAR

Auguste FABRE

Prix : 1 franc

NIMES
BUREAU DE « L'EMANCIPATION »
Directeur : M. E. de BOYVE
2, *Esplanade*

1903

Les « Trusts » et les « Industrial combinations »

Peu d'organisations industrielles et commerciales ont eu le privilège de créer dans le public une émotion pareille à celle qu'ont fait naître ces ententes formidables connues généralement sous le nom de *Trusts*. Ces combinaisons nouvelles qui inquiètent les croyances libérales de l'Ecole de Manchester, débutèrent aux Etats-Unis et gagnèrent peu à peu l'Europe, où le grand trust international dit de l'Océan vint, tout dernièrement, porter l'émotion à son comble.

Il est difficile à l'heure actuelle d'ouvrir un journal sans que les yeux se heurtent à un article sur les *Trusts*, pools, cartels, comptoirs ou autres organismes de ce genre. C'est en effet sur les trusts de l'acier, du pétrole, du sucre, du tabac, de la viande que s'exerce la verve des rédacteurs ; mais les indications sensationnelles, données par les journaux sont trop écourtées, trop imprécises, pour que le lecteur puisse se faire une opinion réfléchie et impartiale des modifications en train de bouleverser les vieilles habitudes commerciales et industrielles.

Profitant de l'hospitalité et de la place que veut bien nous accorder le *Devoir*, nous allons essayer de résumer les observations faites aux Etats-Unis par M. Paul de Rousiers et publiées en deux excellents livres ; *Les industries monopolisées aux Etats-Unis — Les syndicats industriels de producteurs en France et à l'Etranger* (1). A d'autres documents nous emprunterons quelques traits et indications que nous croirons pouvoir intéresser le lecteur.

(1) Librairie Armand Colin, Paris.

En 1896, M. P. de Rousiers qui avait déjà visité les Etats-Unis et publié en un charmant volume : *La vie Américaine*, ses impressions de voyage, fut chargé, par le Musée Social, d'une enquête aux Etats-Unis, sur la concentration des industries et les conditions artificielles ou naturelles qui accompagnent, favorisent ou retardent ce phénomène. Il partit pour l'Amérique, s'acquitta de son mandat avec un rare bonheur et, après de longues et délicates recherches, publia, en 1898, le premier volume que nous avons déjà cité : *Les industries monopolisées*. Peu après, en 1901, il fit paraitre un second volume : *Les syndicats industriels*, que l'on peut considérer comme le complément du premier.

Dans son enquête, l'auteur étudie successivement les trusts du pétrole, du sucre, de l'acier, du cordage, du whiskey, etc., et une foule d'autres tentatives qui, bien que n'ayant pas le caractère d'un trust proprement dit, n'en sont pas moins des essais de monopolisation, d'une durée ou d'une étendue plus ou moins limitées. Il a questionné et entendu des partisans et des adversaires des nouveaux systèmes. « Les *Trusts* ruinent le pays au profit de quelques millionnaires », disaient les uns. « Ils assurent le développement industriel et substituent l'ordre au désordre », répliquaient les autres.

» Ils détruisent la concurrence et le pouvoir inventif des individus, tuent le petit commerce, la petite industrie, et réduisent à la situation de simple employé une foule d'individus intelligents qui auraient pu monter une affaire eux-mêmes et s'assurer ainsi une position honorable et indépendante » affirment les premiers.

« Ils régularisent la production et en réduisant les chômages sont utiles aux ouvriers mêmes. Ils sont avantageux au pays tout entier, car ils ont abaissé les prix et amélioré la qualité des produits qu'ils ont fabriqués », répondent les seconds. Les arguments ne manquaient pas, et l'enquêteur se demandait si comme l'affirmait le rapport d'un Comité nommé dans l'Etat de New-York, en 1897, pour faire une enquête sur les trusts, ces fondations « établissent un système commer-« cial tendant clairement à la restriction des affaires, « un système qui, si on n'y met obstacle, amènera forcé-« ment le monopole absolu et l'exclusion en fait des « petits capitaux des champs de la concurrence » ; ou bien si elles sont le résultat normal de la concentration des richesses et produits, tout à la fois par le développement du machinisme, des moyens de transport, et de la spécialisation industrielle.

Ces réflexions le laissaient perplexe et, pour sortir d'embarras, son premier objet d'examen fut celui-ci : « Qu'est-ce qu'un *Trust* ?

Il écrit à ce sujet : « Le mot trust est si peu défini, il « s'applique à tant de phénomènes divers, il est employé « si souvent d'une façon tellement tendancieuse, que si « je réunissais cinquante Américains éminents par leur « situation et leur intelligence, il suggèrerait dans ces « cinquante têtes une image différente. Pendant mon sé-« jour aux Etats-Unis, je n'ai jamais approché un Améri-« cain dont l'opinion valut d'être comptée, sans lui poser « sur les trusts une série de questions, et je me suis très « vite rendu compte que mes interlocuteurs non seule-« ment différaient d'opinion, mais qu'ils ne parlaient pas « des mêmes choses. Ils visaient tantôt l'accaparement « proprement dit, « les coups de bourse » ; tantôt, les « ententes industrielles entre patrons pour la régulari-« sation de la production ; tantôt, l'absorption de toutes « les usines fabricant le même produit, par une puis-« sante compagnie ou par un seul homme. Quelques-« uns pensaient aux chemins de fer ; d'autres aux

« grands magasins, aux monopoles des services muni-
« cipaux; ..... bref, chacun voyait dans la question
« posée un sujet différent ; les réponses n'étaient pas
« comparables » ; elles portaient l'empreinte de la plus
grande confusion.

Le seul parti a prendre était d'étudier séparement les industries monopolisées et d'examiner soigneusement :

Primo, si les causes qui les ont rendu telles sont naturelles ou artificielles ;

Secundo, si elles sont générales, ou particulières à telle ou telle industrie ;

Tertio, si elles sent permanentes ou temporaires ;

Quarto, si elles sont favorables ou nuisibles à l'évolution industrielle générale.

Ces dans ces sillons qu'avec beaucoup de discernement, M. P. de Rousiers a dirigé son enquête et c'est sur ce terrain que nous allons le suivre en résumant seulement une partie des faits et des conclusions qu'il a si bien mis en lumière.

*
* *

Parmi les *Trusts* les plus anciens et les plus importants se trouve celui de la *Standard oil Company*. Aucun n'a soulevé de plus vives attaques, aucun n'a soutenu tant de procès, aucun n'a été accusé d'avoir employé plus de corruption pour atteindre à ses buts et écraser ses concurrents. Aucun, enfin, n'a amassé contre les trusts autant d'impopularité ; et si l'on ne peut mettre à sa charge exclusive toutes ces lois dites *anti-trusts* votées par les législatures des Etats de l'Union pendant ces vingt dernières années, on peut croire, tout au moins, que ses agissements en ont suggéré un grand nombre.

Les défenseurs des *Trusts* ne contestent pas que les moyens employés pour assurer la prépondérance de ces en reprises n'aient souvent manqué d'honnêteté et n'aient donné de fâcheux exemples ; mais, font-ils remarquer, toute lutte, tout combat excite la passion et la passion aveugle est une mauvaise conseillère. Cette explication est un aveu ; mais il n'en faut pas conclure que la malhonnêteté est la raison principale du succès dans une entreprise. Il serait plus facile d'établir le contraire. Ce que l'on peut plaider, c'est que le manque de délicatesse n'est pas toujours une cause de ruine. L'histoire de la *Standard oil Company* pourra aider le lecteur à se faire une opinion sur ce sujet.

A la tête de cette vaste entreprise qui, à l'heure actuelle, passe pour avoir centralisé plus des neuf dixièmes du pétrole vendu et consommé dans les Etats-Unis, se trouve un homme d'une intelligence, d'une volonté, d'une activité peu commune. Son nom est John Rockefeller.

Il semble que c'est vers 1871 ou 1872 que Rockefeller commença à donner de l'extension au projet par lui conçu de réunir en une seule organisation l'exploitation des puits de pétrole qui criblaient déjà le sol de la Pensylvanie. A l'exécution de son plan il mit une prudence rare et consacra vingt ans de travaux. Sa volonté tenace eut raison de tous les obstacles ; et il atteignit son but non sans laisser de nombreuses ruines et s'être attiré bien souvent des apostrophes désagréables. Nous empruntons celle-ci publiée, fin 1898, dans la *Revue des Revues*, par F. de Norvins :

« Le mercredi, 12 octobre 1898, le plus terrible peut-
« être des directeurs des *Trusts*, le Roi du Pétrole, John
« D. Rockefeller, était appelé devant la Cour suprême
« de l'Ohio, sur de nombreuses violations de la loi qu'il
« avait sur la conscience. A maintes reprises déjà, la
« Cour de l'Ohio et quantité d'autres Cours de Justice

« avaient eu à s'occuper du *Standard oil Trust* et de « ses directeurs. Des jugements avaient été rendus, « condamnant les *Trusts* en général et le *Trust* Rocke- « feller en particulier à disparaître ; mais on ne s'était « même pas donner la peine d'éluder la loi et tout « s'était continué comme par le passé.

« Un soir, après avoir passé la journée entière à la « Cour, le richissime Rockefeller rentrait au salon du « New-Netherland Hôtel, où il était descendu, quand il « se trouva face à face avec un homme à cheveux gris, « de haute taille et de carrure athlétique. Vivement « ému, le milliardaire tendit la main à l'arrivant et, de « sa voix la plus douce :

« — Comment cela va-t-il, George ? lui demanda-t-il. « Voici que nous vieillissons tous deux, n'est-il pas vrai ! « Ne regrettez-vous pas de n'avoir pas suivi mes conseils « dans le temps jadis ?

« — Peut-être aurais-je mieux fait de les suivre, ré- « pondit l'inconnu d'une voix vibrante, car vous m'avez « en effet ruiné, comme vous m'aviez promis de le faire. « Oui, vous m'avez ruiné, par la force de votre argent « et de votre malhonnêteté, vous m'avez ruiné et vous « ne le nierez pas !

« John D. Rockefeller ne discuta pas. Il ouvrit la porte « du salon et sortit. Mais le scandale avait été public. « Tous les assistants avaient reconnu, dans l'énergique « vieillard qui avait si clairement dit son fait au Roi du « Pétrole, une des plus notoires victimes de la tyrannie « des *Trusts*, George Rice, de Marietta (Ohio). »

Les champs de pétrole de la Pensylvanie atteignent, dit-on, une superficie de 80.000 hectares. S'il avait fallu se rendre acquéreur de toutes ces terres, le capital de la *Standard oil C°* n'y aurait pas suffi. Aussi n'est-ce pas ainsi que s'y prit Rockefeller.

Quoique liquide, le pétrole ne constitue pas de nappes dans le sol ; on l'y trouve à l'état de poches disséminées d'une façon irrégulière et placées à des profondeurs qui varient généralement de 400 à 1200 mètres.

Il est souvent mêlé de gaz et d'eau salée. Pour l'extraire, il faut forer les puits dont le coût s'élève de vingt à vingt-cinq mille francs en moyenne. C'est là un travail et un emploi de fonds assez aléatoires ; car on ne rencontre pas toujours des poches à pétrole et, dans ce cas, tout le travail exécuté est absolument perdu.

L'opération du forage des puits se fait tantôt aux frais du propriétaire du terrain, tantôt aux risques et périls d'entrepreneurs spécialisés dans ce genre de travaux et recherches. Si l'opération réussit et que le forage rencontre une poche de pétrole, la *Standard oil C°* apparaît et offre généralement ou d'acheter le puits à forfait ; ou de prendre à un prix déterminé tout le pétrole que le puits peut produire. Le prix d'un puits dont la production a été vérifiée se calcule sur la base de 10.000 francs par tonneaux de 160 litres de pétrole brut qu'il peut quotidiennement produire.

L'entreprise de forage a-t-elle pris à sa charge les chances de ce genre de recherches, c'est elle qui vend alors à la *Standard oil C°* le droit d'exploitation perpétuelle qu'elle s'était naturellement réservé ; et elle indemnise le propriétaire du terrain en lui accordant le huitième du prix qu'elle touche. Il n'est pas rare de rencontrer des puits, qui rendent, par jour, 100 tonneaux de 160 litres, ce qui porte le prix d'achat du puits à un million de francs. L'appât d'un tel profit, incertain sans doute, mais considérable, suffit pour tenter entrepreneurs et propriétaires.

La *Standard oil C°* évite ainsi les chances et les frais des recherches ; elle préfère acheter les puits sur leur débit constaté quoi qu'elle n'ait aucune certitude sur la durée de ce débit. Elle fore bien aussi un certain nombre de puits à son compte, mais seulement dans les parties du terrain qui lui présentent les plus grandes probabilités de succès. Ce n'est pas le forage des puits qu'elle a cherché à accaparer.

Le pétrole ne s'emploie pas tel qu'il sort de la terre. Celui même de Pensylvanie bien que très supérieur aux pétroles de l'Ohio, de la Californie et de la Russie, doit pourtant subir l'opération du raffinage par laquelle on lui enlève 10 pour 0/0 de matière lourde ; les autres perdent ordinairement 35 0/0 de la même matière. Cette première opération ne suffit pas ; on doit, encore, reprendre le pétrole et lui enlever une certaine proportion de matières plus légères qui constitueraient un vrai danger à son emploi comme huile d'éclairage. Il faut donc transporter le pétrole aux raffineries ; et c'est la nécessité de ce transport, opération bien simple pourtant, qui apparut à Rockefeller comme le point initial d'établissement de son monopole.

Ceci nous oblige à jeter un coup-d'œil sur l'industrie des transports :

A l'époque de la première construction des chemins de fer aux Etats-Unis, le pays était loin d'avoir sa population actuelle ; l'organisation des intérêts privés absorbait l'attention des habitants ; le capital faisait défaut ; les Etats particuliers de l'Union ne disposant que de faibles ressources n'osèrent point se charger d'aussi grosses entreprises que celles des voies ferrées et abandonnèrent à des Compagnies privées le soin de ces constructions coûteuses, sans se réserver ni compensation ni droit de surveillance et de contrôle. Aucune précaution visant un droit de retour ou une homologation des tarifs ne fut prise ; personnage n'y songea ; on était trop heureux de trouver des Compagnies qui, moyennant de larges concessions en toute propriété de terres publiques sur leur parcours, voulussent bien se charger de trouver les capitaux nécessaires à la construction des lignes. Une augmentation considérable de la population suivit de très près l'établissement des voies ferrées ; l'industrie des chemins de fer prit une importance imprévue ; de sorte qu'au bout d'un certain temps, les Etats se trouvèrent en face de présidents de Compagnies riches et indépendants, véritables potentats qui géraient au gré de leurs intérêts privés les lignes de transports.

Des abus naquirent de cet état de choses, les plaintes s'élevèrent et sous le coup de la pression de l'opinion publique, l'Etat fédéral essaya de remédier au mal. Il rappela qu'une de ses attributions était de faire observer la liberté du commerce entre les divers Etats de l'Union et prescrivit, par une loi dite *Interstate commerce Law*, une application équitable des tarifs sans considération de personnes. Mais l'influence de l'Etat fédéral fut trop faible pour faire passer cette loi dans la pratique ; en effet, les Compagnies instituées par des chartes accordées par tel ou tel Etat particulier, ne relevaient pas du pouvoir fédéral.

Rockefeller avec un flair merveilleux eut tout de suite le sentiment des avantages qu'il pouvait retirer de cet état de quasi indépendance. Il se lia avec les présidents des Compagnies dont il avait besoin et fit d'eux de vrais complices pour arriver à l'écrasement de ses propres concurrents. Il débuta par obtenir des Compagnies de chemins de fer des tarifs de faveur ; de son côté, il accordait, aux membres importants des Compagnies, des actions libérées de son propre *Trust*. Ces procédés peu délicats lui donnèrent bientôt un grand avantage : Disons, d'abord, que les petits raffineurs étaient obligés d'expédier en barils leurs pétroles bruts, tandis que les gros raffineurs expédiaient les leurs par wagons-réservoirs. Or, les Compagnies de chemins de fer décidèrent de percevoir un droit sur les barils comme emballage, mais non sur les wagons-réservoirs. En outre, tendant à favoriser le *Trust* qui, naturellement, était un très gros client, les Compagnies, tout en ne refusant pas d'expédier les wagons-réservoirs qui étaient la propriété de quelques gros raffineurs, entravaient ou retardaient néanmoins le transport en déclarant que la voie n'était pas libre et en laissant séjourner les dits wagons-réservoirs , un certain temps, sur les voies de garage ; ou bien si les raffineurs demandaient aux Compagnies mêmes les wagons-réservoirs nécessaires, les Compagnies répondaient que ces objets étaient retenus ou qu'ils n'étaient pas libres.

Tirons du travail déjà cité de M. F. de Norvins, un fait propre à illustrer ce qui précède :

« En 1876, George Rice, ingénieur de grand mérite, « fondait une raffinerie de pétrole. Sa probité bien « connue lui avait assuré une clientèle nombreuse et, « dès le début, son usine dénommée *The Ohio Works* « traitait plus de 100.000 barils de pétrole brut par an. « Il n'en fallut pas davantage pour exciter la jalousie de « John D. Rockefeller, lequel dirigeait déjà le *Trust* de « pétroles, connu sous le nom de *Standard oil Company*, « et la guerre commença sans attendre. Tout d'abord, « la *Standard oil Company* offrit aux clients habituels « de George Rice, le pétrole raffiné à 0 fr. 15 de moins « par gallon que George Rice lui-même ne le vendait. « L'ingénieur voulut savoir la raison de cette dépré- « ciation et fit une enquête. Elle lui révéla des faits « monstrueux. Les compagnies de chemins de fer qui

« transportaient le pétrole obligeaient les raffineurs à « charger leurs fûts dans des vagons de marchandises « ordinaires ; seul le *Trust* était autorisé à faire circuler, « sur le réseau, des vagons-réservoirs, pour lesquels il « n'avait pas à payer de voyage de retour. En outre, le « poids des barils constituait un fret très lourd à la « charge des raffineurs indépendants en général, et de « George Rice en particulier, pendant que le *Trust* ne « payait que pour le poids net du pétrole. Cela faisait au « *Trust* un avantage sur ses rivaux de plus de 500 francs « par vagon. Sur ces entrefaites, John D. Rockefeller « croyant George Rice complètement découragé, lui fit « offrir de lui acheter sa raffinerie. George Rice pré- « féra interrompre momentanément ses affaires et re- « fusa. Il savait que la loi interdit formellement les « *Trusts* et, décidé à aller jusqu'au bout, il ne voulut « pas se livrer pieds et poings liés à ses redoutables « antagonistes.

« Les tribunaux furent saisis, et de l'enquête à « laquelle ils procédèrent résulta ce fait, que la « *Standard oil Company* et la Compagnie des Che- « mins de fer étaient dans la même main Les prési- « dents et administrateurs du *Trust* étaient en même « temps les présidents et administrateurs d'un cin- « quième du réseau total de la voie ferrée aux Etats- « Unis. Les sacrifices qu'ils faisaient pour transporter « à prix minimes les pétroles du *Trust* étaient supportés « par les actionnaires du Chemin de fer, ce qui faisait « que les actionnaires du *Trust* touchaient annuelle- « ment des dividendes de 30 ou 40 pour 100.

« Mais pendant que les tribunaux poursuivaient leur « enquête, Rockefeller et les siens continuaient leurs « opérations. Successivement, tous les raffineurs amé- « ricains, attaqués les uns après les autres, étaient

« obligés de fermer leurs usines. Le procédé employé « était partout le même. Dans la ville fournie par un « raffineur indépendant, le pétrole était vendu par la « *Standard oil Co* à 10 ou 12 pour 100 meilleur marché « que par lui. Naturellement, les épiciers et autres dé- « taillants changeaient de fournisseur et s'adressaient « à Rockefeller. Si, par hasard, sachant quel renchérisse- « ment les attendait pour le jour où les raffineurs indé- « pendants seraient étranglés, ils faisaient mine de ne « pas vouloir changer, le syndicat installait lui-même « des boutiques de détail dans la ville et ruinait les « détaillants, en vendant même à perte au consomma- « teur. Une fois maître du marché, il avait vite fait de « rentrer dans ses déboursés.

« M. George Rice a donné ce détail extraordinaire « dont l'authenticité, non seulement m'a été affirmée « par lui, mais en outre a été constatée de la façon la « plus formelle au cours de l'enquête judiciaire : En « 1885, le chemin de fer lui faisait payer 1 fr. 75 pour le « transport d'un baril de Macksburg à Marietta, distant « de 25 milles, pendant que, pour le même parcours la « même compagnie ne réclamait au *Standard oil* que « 0 fr. 50 ; et ce qu'il y a de plus invraisemblable, la « compagnie *reversait* au *Standard oil* 1 fr. 25 sur les « 1 fr. 75 qu'elle recevait, de sorte que le *trust*, concur- « rent de M. Georges Rice, empochait les deux tiers de « l'argent que ce dernier dépensait pour le transport de « ses denrées.

« L'enquête une fois terminée, l'Attorney Général « formula ses réquisitions. Elles tendaient à ce que « la Cour suprême de l'Ohio prononçât la déchéance « des Compagnies des chemins de fer et la dissolution « du *Standard oil*. Cela se passait en 1887, voilà bien- « tôt douze ans. La Cour, dans son arrêt, adopta ces

« conclusions. Il semblait que cette fois tout fût fini et « que M. George Rice eût gain de cause. En réalité « rien de semblable n'eut lieu. Les Compagnies de « chemins de fer et le *Trust*, ne pouvant avoir raison « du pouvoir judiciaire, gagnèrent le pouvoir exécutif. « Les tarifs différentiels continuèrent d'être appli- « qués.

« Le 21 mars 1892, la Cour suprême de l'Ohio rendit « un nouveau jugement contre le *Standard oil* et or- « donna sa dissolution immédiate. Cette fois Rockefeller « annonça qu'il allait se soumettre. Il se contenta de « changer le nom des certificats du Trust, sorte de « warrants, qu'il remplaça par des titres d'une autre « espèce mais négociables comme les premiers, et, mal- « gré l'opposition de la Cour, qui ne se déclara pas sa- « tisfaite de ce subterfuge, il continua ses errements « d'autrefois qu'il n'a jamais cessés jusqu'à ce jour. »

Il est certain que de pareils procédés ne sont pas de nature à rendre le *Trust* du pétrole populaire. Les défenseurs du *Trust* ne les approuvent pas, ils se contentent de plaider les circonstances atténuantes.

L'entente avec les Compagnies des chemins de fer ne fut pas la seule méthode employée par Rockefeller pour avoir raison de la concurrence. Dès le début son plan de campagne avait été étudié avec soin et il le poursuivit avec une ténacité et une clairvoyance remarquables. Nous avons dit que le pétrole brut était nécessairement conduit aux raffineries. Quelques gros industriels avaient construit des lignes assez longues de tuyaux qui conduisaient le pétrole extrait de leurs puits à des raffineries locales ; et on avait constaté que ce mode d'opérer constituait une économie sur le transport et la main-d'œuvre.

Ces lignes de tuyaux sont désignées sous le nom de

pipes lines. Le *Trust* du pétrole établit d'abord les siennes dans les localités à pétroles qui n'avaient pas encore de voies ferrées et les poussa simplement jusqu'aux gares les plus voisines. Au début et tant qu'il n'eut pas atteint la force et l'influence suffisantes, Rockefeller ne se posa pas en concurrent des chemins de fer ; tout au contraire, il laissa croire aux Compagnies qu'elles avaient en lui un client important et fidèle. Ce fut peut-être là un des secrets de son influence. Mais dès qu'il eut pris un rang important dans l'extraction du pétrole et qu'il eut organisé ses débouchés commerciaux sur une vaste échelle, il changea de tactique ; il acheta des *pipes lines* déjà existantes, en construisit d'autres et les poussa hardiment des champs d'extraction du pétrole jusqu'aux bords des grands lacs et de l'Atlantique.

Ces *pipes lines* formées de tuyaux en fer doux de 20 centimètres de diamètre, sont longues souvent de 500 à 600 kilomètres. Tous les 80 kilomètres environ, de puissantes pompes activent la circulation du liquide. Les *pipes lines* ont coûté des sommes considérables ; mais, telles qu'elles sont, elles réalisent une économie de 50 pour 100 sur le transport par chemin de fer. C'est là un avantage considérable dont sait user la *Standard oil Company* pour réduire les possesseurs d'huile brut qui n'acceptent pas ses prix. La *Standard oil Company* n'admet pas les pétroles quelconques à circuler dans ses canalisations. « Vendez-moi votre huile brute aux prix que je vous offre ou bien employez le chemin de fer qui vous reviendra plus cher » : tel est son langage et comme elle possède aujourd'hui à peu près toutes les grandes *pipes lines* elle possède de ce fait un avantage de 50 pour 100 sur les autres raffineurs qui ne peuvent y recourir.

L'emploi des *pipes lines* a eu une portée d'une autre

nature qui a, de son côté, aidé à favoriser la monopolisation de l'industrie du pétrole. Au début il avait semblé commode d'établir les raffineries près des centres d'extraction ; mais, dès que les *pipes lines* eurent réduit les frais de transport des pétroles bruts, on trouva plus avantageux d'établir les raffineries près des grands ports, des grands centres de chemins de fer d'où le pétrole raffiné pouvait être plus facilement expédié vers ses lieux de consommation. C'est la raison qui décida la *Standard oil C°* à construire dernièrement près de Chicago, au bord du lac Michigan, sa grande raffinerie de Whiting. Cette raffinerie, pourvue de tout les progrès du mécanisme moderne, permet de réduire la main-d'œuvre. On charge à la fois 3,500 mètres cubes de pétrole brut et l'on fait trois charges par semaine. Deux équipes de 560 hommes chacune suffisent à servir un machinisme formidable réparti sur 128 hectares. Deux *pipes lines* lui apportent le pétrole brut de l'Ohio et de l'Indiana. Nous avons dit que le pétrole de ces sortes de provenance laissait 35 pour 100 d'huile lourde ; de ce sous-produit on tire encore 17 sortes d'huile lubrifiante ; et, des parties les plus solides, on tire de la cire jaune et de la cire blanche dont on fabrique des bougies. Enfin, le déchet final sert encore à faire du gaz ou bien les poteries l'emploient comme combustible parce qu'il donne une chaleur plus régulière que le charbon. Une usine qui traite cinq cent cinquante mille cubes par an de pétrole se trouve dans des conditions particulièrement favorables pour la préparation d'une foule de sous-produits et pour l'obtention d'une économie maxima de la main-d'œuvre.

Une autre question qui se pose est celle-ci : Le *Trust* opprime-t-il le consommateur ? Ce dernier a-t-il à s'en plaindre ?

« Que voulez-vous que je me plaigne du *Trust* du « pétrole », répond M. Carrol D. Wright, bien placé pour juger le cas, « j'entre dans la première pharmacie « venue et, grâce à lui, j'obtiens pour 25 centimes d'ex« cellente vaseline. Je suis sûr d'obtenir exactement « la même à San-Francisco où à la Nouvelle-Orléans ; « dans le moindre village, je puis acheter une huile « d'éclairage, sans danger, bien épurée, de qualité uni« forme et pour moins de dix centimes le litre. » Aussi, quand le *Trust* du pétrole est attaqué, ses défenseurs ne manquent pas de citer qu'en 1871, l'année d'avant le *Trust*, le pétrole mal épuré, dangereux, d'odeur désagréable, se vendait 30 centimes le litre.

Pour le producteur de la matière première il en est tout autrement : le propriétaire du puits est sous la domination du *Trust*, puisque seul ou à peu près, le *Trust* peut lui acheter son pétrole brut ou son puits ; mais en l'espèce, le *Trust* paie assez bien pour que ceux qui ont consenti à conclure affaire avec lui n'aient pas eu à s'en repentir. L'enquête faite sur place par M. P. de Rousiers en témoigne à maintes reprises.

Une raison qu'on a invoquée contre le *Trust*, c'est qu'un ouvrier renvoyé de la raffinerie ne peut s'embaucher ailleurs, la *Standard oil C°* étant presque seule à se livrer à ce genre d'entreprise. La chose est possible ; mais une entrave individuelle qui est la conséquence d'une certaine discipline serait-elle un argument contre la concentration de l'industrie ? Les *Trades-Unions* bien organisées n'ont-elles pas leurs listes noires. Il est d'ailleurs, plus avantageux pour les ouvriers organisées d'avoir comme employeur une grande Compagnie riche et prospère pouvant payer de hauts salaires, qu'un grand nombre de petits patrons épuisés par la concurrence.

En somme M. P. de Rousiers conclut :

« Quelles que soient les injustices au moyen des-
« quelles la Compagnie du *Standard oil* a obtenu son
« monopole grâce à la complicité des chemins de fer, il
« faut reconnaître qu'au point de vue purement écono-
« mique le monopole a produit d'heureux résultats. Il
« a été avantageux pour les consommateurs ; il n'a pas
« aggravé la situation des ouvriers et il a assuré aux
« propriétaires des champs de pétrole un prix très ré-
« munérateur pour la matière qu'ils lui livrent. »

Mais l'enquêteur n'approuve pas, loin de là, les procédés employés par les *Trusts* pour échapper à l'arsenal des *anti-Trust-laws* dirigées contre eux. « Les *Trusts*,
« dit-il, éprouvèrent le besoin de se défendre soit en
« gagnant les législateurs eux-mêmes pour rendre les
« lois inefficaces, soit en agissant auprès des hommes
« chargés de les appliquer... Ils l'ont fait en usant du
« moyen puissant que donne l'argent dans un pays où
« le politicien se laisse facilement corrompre. Ils n'ont
« pas créé la corruption, mais ils s'en sont très large-
« ment servis.

« La Compagnie du *Standard oil* n'échappe pas à ce re-
« proche. Les scandales de sa complicité avec les Chemins
« de fer avaient soulevé l'opinion contre elle. Elle est
« donc responsable de la réaction qui s'en est suivie,
« et si elle a dû recourir à la corruption pour se défen-
« dre, c'est qu'elle avait déjà employé la corruption pour
« acquérir sa puissance...

« Economiquement bienfaisante, politiquement mal-
« faisante, la *Standard oil C°* ne fut pas atteinte par les
« lois que firent contre les *Trusts* la plupart des Etats
« américains ; tout au contraire son ingéniosité et les
« mesures qu'elle prit pour se défendre donnèrent à son
« organisation une nouvelle énergie. »

II

Si le *Trust* du pétrole a fait connaître au monde entier John D. Rockfeller, celui de l'acier a donné à Andrew Carnegie une renommée au moins égale. Quelques mots de biographie nous montreront comment un pauvre petit écossais qui ne pouvait plus trouver à gagner sa vie dans son pays, réussit à devenir un milliardaire.

Andrew Carnegie naquit le 25 novembre 1837, à Dumferline, ville historique d'Ecosse. Son père, William Carnegie, était petit maître tisserand et possédait quatre métiers.

L'ère des gigantesques usines n'étant pas encore ouverte, la famille était considérée comme à son aise parce qu'elle pouvait occuper des apprentis.

Madame Carnegie enseigna la lecture à son fils et fut pendant 50 ans le bon génie de sa vie. C'était une écossaise de l'ancien type, une femme d'un caractère résolu et d'une vive intelligence. Pieuse, économe, elle veillait à ce que tout fût en ordre dans la maison et habituait ses enfants à suivre le droit chemin.

Le caractère du jeune Andrew fut en quelque sorte moulé par sa mère ; et quand nous parlerons de l'usage auquel il veut employer sa gigantesque fortune, un dépôt à ses yeux, nous devrons nous rappeler que ce dépôt sera administré d'après les principes que sa mère lui a inculqués dès l'enfance. En lui enseignant l'alphabet et le catéchisme, Mme Carnegie ne s'imaginait guère que son fils disposerait un jour de tant de richesses ; si elle l'eut prévu, il est probable que cette perspective lui eût causé plus d'appréhensions que de plaisir. Un oncle apprit à Andrew l'histoire et la politique et exerça sur lui une grande influence. Toute la famille étant chartiste, l'enfant grandit en adoptant inconsciemment les opinions de ses parents.

Il fut élevé en républicain. Ce que l'on apprend tout jeune reste profondément gravé dans l'esprit; et Carnegie a raconté lui-même que chaque fois qu'on parlait devant lui d'un roi ou d'un privilège héréditaire, le sang lui montait au visage et que, pendant longtemps, il avait eu beaucoup de peine à contenir sur ce sujet l'expression de ses sentiments. « Je déteste » dit-il « les privilèges héréditaires avec une haine à nulle autre pareille, parce que je l'ai conçue à sept ans. » Cet état d'esprit est assez commun chez les écossais. Les nobles qui possèdent des terres sont à leurs yeux les ennemis héréditaires du peuple et l'on ne doit rien attendre de bon d'une oligarchie de *Tories* qui ont laissé de si profondes et de si tristes marques dans l'histoire d'Ecosse.

L'enfant qui, les yeux grands ouverts, écoutait avidement les légendes et les histoires que lui racontait son oncle, apprit un jour, en s'éveillant, que ce dernier avait été mis en prison : on avait trouvé dans une mansarde un drapeau insurrectionnel ; nous avons dit que la famille était chartiste ; — cet évènement n'était pas de nature à diminuer l'horreur du jeune Carnegie pour la monarchie. Mais bientôt d'autres évènements vinrent s'imposer à son attention.

Vers 1848, les métiers à vapeur acquirent un grand développement ; William Carnegie, qui ne possédait que quatre métiers à bras, ne put lutter longtemps contre l'emploi du nouveau système. Il rentra un beau jour à la maison annonçant avec tristesse qu'il ne pouvait plus trouver de travail. On tint conseil de famille et l'on décida d'aller tenter la fortune dans le Nouveau-Monde où quelques parents étaient déjà établis. A la rigueur, le père et la mère auraient pu se tirer d'affaire, mais il y avait deux enfants aimés qu'il fallait élever; et l'intérêt de ceux-ci commandait l'émigration. Les métiers furent vendus et l'exode commença.

Le père, la mère, Andrew et son frère Tom s'embarquèrent dans un bateau à voile qui mit sept semaines à accomplir une traversée que l'on fait aujourd'hui facilement en sept jours.

La famille se fixa tout d'abord à Alleghany, et comme on était pauvre, tout le monde se mit aussitôt à travailler. Le père s'embaucha dans une filature de coton où Andrew fut bientôt employé comme *bobbin boy*, il avait alors 12 ans. Son salaire était de 5 schillings par semaine (6 francs) et il en était fier :

« Je n'étais plus à charge à mes parents », a-t-il écrit depuis, « et au contraire je leur venais en aide. Je crois « qu'une telle situation aide un enfant à devenir un « homme et un véritable homme, s'il y a en lui quelque « germe de virilité ; c'est tout que de se sentir utile. « J'ai manipulé de grandes sommes ; des millions de « dollars ont passé depuis dans mes mains, mais la « somme de toutes ces richesses si considérables qu'elles « puissent être, est peu de chose comparée à la véritable « satisfaction que me procura mon premier dollar. Il « était le salaire d'un travail manuel honnête, d'une « semaine de dur travail, si dur que n'eut été la fin qui « le sanctifiait, il ne serait pas excessif de le qualifier « d'esclavage. »

Andrew se levait bon matin et travaillait tout le jour n'ayant que 40 minutes pour dîner.

Un vieil écossais, ami de sa famille, le prit dans une fabrique où l'on faisait des bobines. Il le chargea de chauffer la chaudière et de diriger une petite machine à vapeur qui actionnait tout le mécanisme. C'était beaucoup demander à un enfant de 13 ans. D'une intelligence éveillée et très attentif à la besogne, Andrew Carnegie s'en tira à son honneur ; et son salaire qui était de 12 fr. 50 par semaine fut bientôt élevé à 15 fr.

Sa responsabilité était lourde et sa préoccupation telle qu'il se réveillait quelquefois la nuit, assis sur son séant, se croyant en train de vérifier le manomètre ; mais quoique le travail fut dur et qu'il trouva long le temps passé à l'atelier, Andrew ne se plaignait pas. Il se trouvait bien chez lui et ne cessait d'espérer. « J'étais « jeune, » dit-il, « et j'avais mes rêves, quelque chose me « disait que cette situation ne durerait pas, que bientôt « j'en aurais une meilleure ».

Lorsque Carnegie songe à ces moments d'activité sans répit, il s'éprend d'enthousiasme pour la pauvreté :

« On se plaint de la pauvreté comme d'un grand mal « et l'on croit généralement que si l'on était riche on « serait heureux, qu'on se rendrait plus utile, qu'on « tirerait meilleur profit de la vie. C'est une erreur ; il « y a plus de bonheur à vivre sous un humble toit que « dans les palais opulents. J'ai toujours pris en pitié les « enfants des riches, toujours accompagnés de servi- « teurs et de gouvernantes ; et je suis bien aise de leur « rappeler ce qui leur manque : un père affectueux « comme compagnon de leur vie, une mère qui les ait « nourris, qui les enseigne, qui soit leur ange gardien ; « voilà le plus grand des biens. J'en parle par expé- « rience et c'est pour cette raison que je plains l'enfant « du riche et que je félicite celui du pauvre.

« Actuellement on paraît désirer l'abolition de la « pauvreté, c'est une erreur ; nous devons désirer abolir « le luxe ; mais abolir la pauvreté serait se priver du « seul terrain sur lequel le genre humain peut compter « pour produire les vertus qui civiliseront de plus en « plus notre race. »

Andrew Carnegie ne resta pas longtemps dans les fabriques; à 15 ans il quitta Alleghany et se rendit à Pittsburg avec sa famille. Là, il entra au télégraphe et devint porteur de dépêches. Deux ans du métier de chauffeur lui avait montré celui de télégraphiste comme le plus désirable du monde. C'était, disait-il, la lumière succédant aux ténèbres, le passage du désert au paradis; mais, tout au début, il craignit de perdre une situation qu'il jugeait si enviable : car en entrant au télégraphe il n'avait pas dit qu'il était étranger à la ville. Il avait bonne mémoire et se mit aussitôt à apprendre les noms et adresses de tous les négociants; il y réussit très vite, y employant tous ses loisirs.

De vive intelligence, notre jeune porteur de dépêches était fortement intrigué par le mécanisme de l'appareil qui transmettait les télégrammes ; aussi, dans ses séjours au bureau, au lieu d'imiter les autres porteurs et de bavarder avec eux, Andrew écoutait attentivement le cliquetis de l'appareil télégraphique que manipulait un opérateur. Intéressé par cette attention soutenue l'employé consentit à enseigner à Carnegie l'alphabet Morse. Dès qu'il connut un peu le maniement de l'appareil, Carnegie s'arrangea pour arriver au bureau avant l'opérateur et s'exerça avec d'autres employés ; ses progrès furent rapides ; il passa opérateur avec 125 francs par mois d'appointements, chiffre qu'à l'origine il considérait comme l'idéal du confort.

Ayant l'ouïe très sensible il était en état de distinguer les moindres nuances musicales, cette faculté lui fut très utile dans son nouveau métier; car au bout de peu de temps d'exercice il arriva à recevoir un télégramme aussi bien par l'oreille que par les yeux.

Un jour, M. Thomas Scott, surintendant des chemins de fer de Pensylvanie, se précipita au bureau du télégrapho et donna au jeune employé une dépêche à transmettre au directeur général, à Altoona. Andrew qui avait à peine 16 ans télégraphiait déjà très vite. M. Scott le remarqua et dès que la Compagnie eut construit sa propre ligne télégraphique, il s'empressa d'engager Carnegie aux appointements de 175 francs par mois.

Très habile, très attentif, très intelligent, Andrew devint le favori de M. Scott ; se sentant soutenu en même temps que surveillé, son activité s'en accrut ; il avait du coup-d'œil, du sang-froid ; ces qualités furent bientôt mises à l'épreuve. Un jour, un accident survenu sur la ligne mit l'express en retard et fit stopper tous les trains de marchandises. M. Scott était absent en ce moment. Carnegie au courant de la situation prend sur lui d'envoyer, au nom de M. Scott, les dépêches nécessaires, pour rétablir la circulation sur la ligne. Puis à l'arrivée de ce dernier, il l'informe de ce qu'il a fait en lui disant simplement : j'ai fait ce que j'ai jugé utile en cette circonstance ; et il lui passe les minutes des dépêches qu'il a envoyées. M. Scott les lit attentivement et ne lui marque ni approbation ni désapprobation pour l'initiative qu'il a prise. A quelque temps de là, le président de la Compagnie entre dans le bureau où se trouvait Carnegie, lui met la main sur l'épaule et dit :

— C'est bien vous Andy ? (abréviation d'Andrew).

— Oui, répond ce dernier.

— J'ai déjà entendu parler de vous, ajoute le président en riant. Scott nous a dit l'autre nuit ce qu'avait fait son petit diable d'écossais.

Evidemment, le petit diable d'écossais ne manquait pas d'initiative ; et il était naturel que M. Scott le considérât comme son bras droit.

A l'occasion, il l'aidait de ses conseils. Il l'engagea un jour à prendre dix actions de la Compagnie de l'express Adam, à 60 dollars l'une. Cette offre éveilla chez Carnegie l'instinct des affaires ; il l'accepta sans savoir où trouver l'argent et alla tout de suite confier son embarras à sa mère. Celle-ci décida d'emprunter sur la maison qu'ils avaient acquise pour fournir l'argent nécessaire à son enfant. La chose se fit sans difficulté, la maison valant une somme plus forte. La Compagnie express payait 1 0/0 par mois, l'opération était bonne et Carnegie se rappelle toujours sa joie quand il toucha son premier dividende.

Ses économies augmentaient peu à peu son capital auquel venaient s'ajouter les profits des petites opérations qu'il savait faire, mais il n'était pas pour cela dans la voie de la fortune. Voici comment il y entra :

Un jour, dans le train, un Monsieur ayant l'aspect d'un bon fermier accosta Carnegie et lui dit : Je sais que vous êtes bien vu par la direction de la Compagnie des chemins de fer de Pensylvanie ; voudriez-vous me rendre un service et me mettre en relation avec M. Scott ; j'ai une bonne affaire à lui proposer. En même temps il tirait d'un fourreau le plan d'un *sleeping car*.

Carnegie examina le plan, posa des questions et ayant compris ce dont il s'agissait promit à M. Woodruff d'en parler à M. Scott. A quelques jours de là, le surintendant fixa un rendez-vous auquel se rendit M. Woodruff. Avec sa décision ordinaire, M. Scott saisit du premier coup les avantages d'une pareille affaire et un contrat fut passé sur le champ entre M. Scott et M. Woodruff. Ce dernier offrit une part d'intérêt à Carnegie qui l'accepta et apporta dans l'association 5,000 francs de ses économies.

Les *Sleeping Cars* payèrent [illegible] de beaux dividendes et

Carnegie comprit qu'il était enfin sur le chemin de la fortune.

Mais ce ne fut pas la construction des *Sleeping Cars* qui lui fournit la puissance économique que donne l'accumulation de millions de dollars.

***

La valeur des champs de pétrole qui ont fourni à Rockefeller les matériaux de son immense fortune, était peu connue jusqu'au milieu du siècle, et l'huile brute qui sortait du sol et s'épandait dans certains ruisseaux, était peu appréciée.

A l'âge de 22 ans, vers 1859, Carnegie visita une ferme où se trouvait une source d'huile. Il s'entendit avec quelques amis et acheta cette ferme au prix de 40,000 dollars. Le résultat de cette acquisition fut que, quelques années après, la ferme et sa source de pétrole mises en actions atteignirent une valeur de 5 millions de dollars.

Pendant ce temps Carnegie continuait à faire son chemin. M. Scott, qui devint sous-secrétaire de la guerre pendant la guerre de la sécession, le chargea de la direction des chemins de fer et des télégraphes militaires du gouvernement. Carnegie apporta à ce service sa décision et son activité ordinaires; ses nouvelles fonctions l'obligèrent à assister à plusieurs combats, entre autres à celui de Bull Run où il fut un des derniers à quitter le champ de bataille.

L'expérience qu'il acquit augmenta son horreur pour la guerre; aussi fut-il bien aise, son mandat terminé, de retourner à Pittsburg et de reprendre son service au chemin de fer où au bout de quelque temps il succéda à M. Scott.

A l'âge de 30 ans, Andrew Carnegie n'avait pas encore décidé quelle serait sa carrière définitive. Ce fut sa fonction dans les chemins de fer qui lui en fournit l'occasion.

La Compagnie qui l'employait venait d'essayer le fer en remplacement du bois pour la construction des ponts. La tentative réussit. Avec son grand sens des affaires, Carnegie comprit l'avenir réservé à ceux qui prendraient l'initiative de ce genre de constructions. Il s'adjoignit quelques amis et lança l'entreprise des ponts de Keystone. Le début fut la construction d'un pont sur l'Ohio. L'opération fut un succès et depuis l'entreprise est prospère.

Trouvant plus de profits à construire des ponts qu'à servir les Chemins de fer, Carnegie abandonna ces derniers et se lança résolument dans les affaires. Sa réputation d'homme à qui tout prospérait lui permit de trouver rapidement les capitaux qui lui étaient nécessaires.

La situation de son industrie à Pittsburg était on ne peut plus favorable. C'est, en effet, une des régions les plus riches en fer et en charbon. Son stage dans la direction des chemins de fer lui avaient créé des relations amicales qui furent pour lui dans ses débuts d'une importance capitale.

Son esprit ouvert lui montra de bonne heure l'acier comme le métal de l'avenir et, des premiers, il installa une usine pour satisfaire aux demandes qu'il jugeait inévitables. Successivement de nouvelles créations furent édifiées et un journaliste qui les a visitées en 1899 écrit : Les phases principales de la marche de la Compagnie Carnegie ont été : la construction à Homestead d'un matériel sans pareil pour la fabrication de l'acier à foyer découvert et des plaques de blindage; l'acquisition de la partie la plus grande et la plus riche des houillères de Connellsville près Pittsburg ; l'achat des plus riches minerais du Messabi et d'autres gisements du lac Supérieur; l'acquisition ou la direction d'une flotte spéciale de steamers pour le transport des minerais de fer du lac Supérieur à Cleveland sur le lac Erie, (distance de 700 à 900 milles), et d'un chemin de fer privé pour transporter le minerai de Cleveland à Pittsburg; la construction de hauts fourneaux à Duquesne sur la rivière Monongahela, chaque fourneau produisant en un jour autant que produisaient en une semaine les plus grands fourneaux d'il y a trente ans; la création de l'usine de fils de fer et clous à Beaver Falls; etc. Toutes ces usines employant environ 27.000 personnes, représentent un capital considérable et supposent un génie administratif de premier ordre chez celui qui a su réunir, sous une même direction, un tel nombre d'hommes et de capitaux.

C'est au choix qu'il sait faire de ses associés que, de son propre aveu, Carnegie doit la plus grande part de ses succès. Le mérite personnel, le mérite seul donne l'avancement dans ses usines; l'héritage n'y entre pour rien et l'exclusion de ce genre de privilège est peut-être une des plus heureuses de ses idées.

Voici d'ailleurs comment il a procédé :

Lorsqu'il débuta dans les affaires avec son frère Tom et D. A. Stewart, Carnegie posa en principe qu'à la mort d'un des associés, dans les 30 jours suivants, la part du décédé serait réglée et acquise par les associés restants, de façon à ce qu'aucun fils d'associé n'eût intérêt dans les affaires, ni voix dans la direction.

M. Stewart laissa deux fils, Tom Carnegie plus de six ; tous deux, bien que les affaires n'eussent pas encore atteint le développement actuel, étaient plusieurs fois millionnaires lorsqu'ils moururent; mais aucun de leurs enfants ne fût autorisé à entrer dans l'association ;

la part des décédés fut immédiatement réglée ainsi qu'il avait été convenu et les affaires furent continuées par Andrew Carnegie.

Cette ligne de conduite a toujours été observée ; résultat : l'association s'est toujours renouvelée et revivifiée par l'infusion d'un sang nouveau.

Carnegie était toujours à la recherche de jeunes gens de talents exceptionnels ; s'il en découvrait, il les prenait dans ses usines et leur fournissait l'occasion de montrer leurs aptitudes. L'expérience était-elle favorable à quelques-uns d'entre eux, il les admettait finalement comme associés.

Voici d'ailleurs une *interview* publiée par le « *Daily New Weekly* » qui avait envoyé un délégué spécial questionner Carnegie sur ce sujet :

« — Quel serait d'après vous, M. Carnegie, les dons qu'une fée marraine devrait offrir à sa naissance à l'homme ayant plus tard l'ambition de gagner des millions ?

« — D'abord de naître pauvre ; l'homme qui doit ramasser des millions, ne doit pas venir au monde avec une cuiller d'argent à la bouche...

« Il doit commencer son apprentissage de la vie sans appui ; si ses parents lui donnent l'exemple de la lutte contre l'adversité, il fera lui-même les plus grands efforts pour réussir. Seule la responsabilité qui pèse sur un homme peut faire de lui un capitaine d'industrie.

« — C'est ainsi, croyez-vous, qu'il fera ses premiers pas vers le succès ?

« — Oui, il ira toujours en avant : faillir sera pour lui un mot inconnu.

« — Et que dites-vous de son caractère personnel ?

« — Je crois que si un jeune homme a l'ambition du

succès, il a aussi les qualités nécessaires. Le désir de réussir développe ces qualités. Le secret du succès réside principalement dans la ferme résolution de vaincre et dans l'affermissement du courage après chaque échec subi dans la bataille.

« — Faut-il d'autres qualités essentielles pour réussir?

« — Oui : celui qui veut avancer doit regarder l'intérêt de son patron comme le sien propre. S'il travaille pour le « *Daily New Weekly* », il doit penser qu'il n'y a pas au monde d'organe comparable à celui-ci et s'enorgueillir du succès de l'entreprise. Il doit considérer l'affaire comme sienne déjà et y employer tous ses efforts, toute son énergie. Ainsi il attire sur lui l'attention de ses patrons ; le reste est facile.

« — S'il suit cet avis, pourra-t-il arriver au sommet ?

« — Eh ! vous trouverez cent hommes qui pourront faire des généraux de brigade, dix pourront commander un corps d'armée, un seul, peut-être, sera en état de combiner toutes ces forces et de les réunir en une masse solide. Il en est de même dans les affaires.

« Les phrénologues n'ont pas encore découvert la bosse du succès. Le rouage le plus délicat et le plus essentiel, c'est la nature humaine. Si l'homme qui veut parvenir au sommet ne sait pas utiliser ceux qui lui sont supérieurs en quelques points comme ceux qui lui sont inférieurs, il n'atteindra pas son but.

« Le talent de l'homme ne se mesure pas à ce qu'il fait lui-même, mais à ce qu'il fait faire à ceux qui coopèrent avec lui.

« — Vous croyez donc à la nécessité d'une union complète entre l'employé et le patron ?

« — Certainement, et cette union ne saurait être assez forte. Mais il faut naturellement qu'il y ait réelle coopération. Le partage doit être réciproque

« — C'est pour cela que vous avez donné pratiquement à vos employés un intérêt dans vos affaires ?

« — C'est une des raisons. L'autre raison, c'est qu'en agissant ainsi, on fait que le travail devient un plaisir.

« — Croyez-vous, M. Carnegie, que le directeur d'une grande affaire doit connaitre tous les détails de l'exploitation ?

« — Je ne puis guère tenir un tel langage n'étant par moi-même ni homme de science ni artisan. L'important, c'est que le directeur connaisse les hommes : savants et mécaniciens.

« — En résumé, vous considérez que les qualités nécessaires au capitaine d'industrie sont : *primo*, une connaissance intuitive de la nature humaine ; *secundo* : le génie de l'organisation ; *tertio* : le pouvoir d'inspirer ses subordonnés ?

« — C'est cela : et lorsque tout ceci est combiné vous avez un caractère extraordinaire. Un tel homme peut faire des miracles, même s'il n'a pas à sa disposition des éléments bien au-dessus de la moyenne. Le grand directeur qui veut accumuler des millions n'a pas à être spécialiste, à part que sa fonction spéciale soit de comprendre la machine humaine. Dans la carrière des affaires il faut des connaissances générales pour arriver au succès, car le jugement d'un homme d'affaires doit porter sur un grand nombre de sujets.

« — Vous ne partagez donc pas l'opinion de ceux qui croient que la société deviendra la proie des spécialistes ?

« — Non, naturellement il est nécessaire qu'il y ait division dans le travail ; on dit qu'il faut 19 hommes pour faire une épingle. Mais quand il s'agit d'organiser le travail de trente ou quarante mille personnes, de régler les questions relatives aux marchés, aux inventions, à l'offre et à la demande, le champ est trop vaste pour être embrassé par un spécialiste.

« — L'affaire la plus prospère est-elle celle où un seul dirige et où beaucoup servent ?

« — Non, telle n'est pas ma conviction. Je pense que les affaires les plus prospères sont celles qui intéressent le plus grand nombre, et font, de tous, des associés égaux entre eux. Aucun ne sert réellement ; ce n'est pas ainsi qu'il faut voir la chose. Ils se servent mutuellement. Je ne crois pas que de nos jours un homme seul puisse réussir dans une grande entreprise. Je n'aurais pas réussi moi-même sans mes associés. J'en avais trente-deux, les plus brillants jeunes gens du monde. Il est absurde de penser que le pouvoir doit se trouver entre les mains du petit nombre. Les grandes entreprises exigent un grand nombre d'hommes de choix. Le chef doit n'être que le premier parmi des égaux. La façon dont mes associés différaient de moi par leurs opinions et dont ils me battaient dans une discussion était charmante à voir.

« — Lorsqu'un pauvre individu, autrefois sans le sou, est devenu grand capitaine d'industrie, et dispose de plusieurs millions, quels sont ses devoirs envers la société en général ?

« — Tant qu'il reste capitaine d'industrie il doit se conduire comme on le fait en affaires ; mais il est sage pour lui d'agir de façon à montrer à ses hommes qu'il a un cœur. Rien ne rapporte davantage qu'un traitement généreux. En fait, la maison qui veille à ce que ses travailleurs aient les salaires les plus élevés, est certaine d'être prospère au dernier point.

« — N'avez-vous pas dit, M. Carnegie, que les Anglais n'avaient pas de jeunes hommes pouvant rivaliser avec les autres nations ?

« — Ce n'est pas moi qui l'ai dit, c'est le directeur d'une de vos grandes aciéries qui visitait l'Amérique. Voici son propre langage: «Ce ne sont point les ressources sans pareilles de votre pays, M. Carnegie, que nous devons vous envier le plus, ni même votre merveilleux outillage, mais bien la catégorie des jeunes hommes que vous avez pour diriger tous vos départements. Nous n'avons pas cette catégorie en Angleterre. » Ma connaissance des manufactures britanniques m'a montré qu'il avait raison.

« — Pouvez-vous m'indiquer les causes d'un pareil état des choses?

« — C'est le résultat de votre système d'éducation. Les Universités d'Amérique ne placent pas la science au-dessus des classiques, mais bien sur un plus grand pied d'égalité que vous ne le faites. Je regrette que les professeurs Brice et Jebb aient traité récemment ces deux grandes branches du savoir comme étant rivales. Les choses ne me paraissent pas être ainsi; mais les classiques ont été exaltés en Grande Bretagne et les sciences négligées spécialement dans vos Universités.

« La grandeur de l'Angleterre est-elle due à ses inventeurs ou à ses érudits? Tel est le sujet qu'il conviendrait de faire traiter par une société de jeunes gens. Newton, Faraday, Kelvin, Bessemer et Siemens sont tout aussi grands qu'un nombre égal de vos savants érudits. Or, je crois que si la Grande Bretagne désire rester une des principales nations industrielles, elle doit non pas enseigner les langues mortes de nations mortes, mais pousser le plus grand nombre possible de jeunes gens dans les diverses branches des sciences et les préparer à diriger scientifiquement ses industries. Aussi, tandis que je ne puis donner de l'argent pour développer les études classiques, je me sens disposé à en donner pour fonder à Birmingham un collège de Sciences organisé comme les meilleurs d'Amérique ou du Canada. Le premier collège scientifique du monde se trouve à Montréal.

« La question actuelle n'est pas de savoir si c'est l'enseignement scientifique ou l'étude des humanités qui fait de l'homme le type le plus parfait : mais bien, quel est le type d'homme nécessaire maintenant à l'Angleterre pour que celle-ci ait toujours le pas sur ces concurrents. Voilà la vraie question.

« — Quelle doit être, d'après vous, l'éducation d'un enfant qui désire entrer dans les affaires ?

« — Cela dépend entièrement de ses dispositions. Si j'avais pu choisir ma propre éducation, j'aurais préféré une éducation classique, car je n'ai pas beaucoup de goût pour les sujets scientifiques. Mais les affaires ne sont ni du classique ni de la science. L'étude de la nature humaine est, je crois, la meilleure des choses pour un homme d'affaires ; mais qu'il choisisse la culture classique ou la culture scientifique, le jeune homme qui se destine aux affaires ne doit pas rester longtemps au collège ou à l'Université.

« — A quel âge devrait-il entrer dans les affaires ?

« — Tous mes brillants associés ont commencé pratiquement leur dur labeur avant vingt ans. Je crois que faire stationner un jeune homme de 19 à 24 ans dans les Universités modernes ne le rend pas plus apte aux affaires que s'il s'y mettait plus tôt avec une instruction inférieure. Je ne veux pas en ceci mépriser l'enseignement universitaire ; je limite simplement mes observations à la carrière des affaires.

« — Vous voudriez que la responsabilité de l'homme dans la vie commençât de bonne heure ?

« — Oui, plus tôt qu'il n'est d'usage dans tous les

pays du monde. Je considère les jeunes gens comme très aptes à l'exécution, tandis que les plus vieilles têtes pourraient être réservées pour les conseils. Un jeune homme qui sent qu'on a confiance en lui est capable de réaliser des choses étonnantes.

« — Mais cet encouragement donné à la jeunesse ne coupe-t-il pas l'herbe sous le pied à l'homme d'âge moyen ? Pensez-vous que les hommes sont trop vieux à quarante ans ?

« — Un homme de quarante ans à la recherche d'une position a déjà un antécédant contre lui. Longtemps avant d'avoir quarante ans, il aurait dû mériter de hauts salaires et se faire juger indispensable. Il y a pourtant des cas exceptionnels où un homme digne d'intérêt peut être brusquement privé de travail à quarante ans. C'est un cas fâcheux, voilà tout. Il n'est pas moins vrai qu'en affaires le succès dépend de la stricte application de ce système : ne point faire de promotions d'étrangers aux dépens des jeunes capacités déjà engagées dans l'entreprise et qui méritent de l'avancement. Le patron qui n'a pas su s'entourer d'un personnel apte aux promotions ne peut être considéré comme un bon capitaine d'industrie. »

Telle est l'*interview* du « *Daily New Weekly* » que M. Carnegie considère comme rendant fidèlement sa pensée.

III

Si l'interview que nous avons citée était l'expression des convictions d'un industriel quelconque, elle n'aurait qu'une valeur relative malgré ses écarts avec l'opinion courante ; mais il n'en est point ainsi. Cette interview exprime la pensée réfléchie de l'organisateur de la plus vaste exploitation métallurgique existant actuellement dans le monde; et la ligne de conduite indiquée par le roi de l'acier est le fruit d'une large et longue expérience.

« Carnegie », écrivait un journaliste de Chicago, « n'a pas seulement fondé une grande maison, mais il a inventé une nouvelle méthode en affaire et il l'a appliquée avec un succès merveilleux. »

Un autre auteur attribue ce succès à deux causes : *primo*, ne pas considérer l'héritage comme donnant droit à la direction des usines ; *secundo*, rechercher les capacités et les intéresser à ses entréprises. « Mes associés », dit à ce sujet Carnegie, « forment un groupe d'amis ; je « n'ai jamais à exercer mon pouvoir et j'en suis fier. « Toute action est concertée et je n'ai pas de rôle exécu- « tif. Je laisse la responsabilité aux autres et ils sont « livrés à leur propre initiative ». Mais cela n'empêchait pas ce chef d'industrie de se tenir renseigné ; une longue formule imprimée lui était envoyée chaque jour en quelque lieu qu'il fût au monde ; et cette formule soigneusement remplie lui donnait les résultats de chaque département de ses usines.

Que Carnegie ait inventé « une nouvelle méthode en affaire » en séparant le droit d'hériter du droit de gouverner, c'est possible ; quoique à tout prendre il semble bien qu'il ait appliqué à l'industrie ce qui se fait en politique dans les Républiques ; que, circonscrit au cercle de ses associés, il ait innové un droit parlementaire et remplacé ainsi l'ancienne et absolue autorité patronale, c'est encore possible ; c'est aussi ce qui existe dans le gouvernement de tout pays civilisé ; mais qu'il ait trouvé le moyen de choisir trente-deux associés tous capables d'assumer la direction exécutive de leur département respectif, ceci nous semble plus original et doit nécessiter de la part d'un chef d'industrie un flair peu ordinaire. Aussi, au risque de lasser un peu le lecteur, insisterons-nous encore sur la manière dont notre écossais américanisé comprend les rapports du capital et du travail ainsi que les relations des employeurs avec leurs employés.

C'est M. Stead, directeur de la *Review of Reviews*, très bien renseigné sur les opinions de M. Carnegie, qui nous fournira les documents. « Il est vraiment inté-« ressant », écrit-il dans *M. Carnegie's conundrum*, « de « l'entendre causer sur les relations du capital et du « travail. Il croit sincèrement à l'association des tra-« vailleurs en qualité d'actionnaires avec les chefs de « leur industrie... et dans ses usines les ouvriers sont « autorisés à placer, en première hypothèque, une part « de leurs économies jusqu'à la somme de 10.000 francs, « productive d'intérêt à 6 °/₀... »

D'autre part « la maison prête aux ouvriers qui dési-« rent acheter un lot de terre pour construire leur habi-« tation, la somme jugée nécessaire ; elle se rembourse « par versements successifs..; dans les usines les salai-« res sont payés d'après une échelle mobile basée sur le « prix des produits. Un comité désigné par les ouvriers « se réunit une fois par mois ; on lui communique la « correspondance commerciale concernant les produits « de la maison et, après cet examen, les représentants des « ouvriers conviennent d'une moyenne de prix qui sert « de base pour les salaires du mois suivant...

« Les salaires sont plus élevés de 10 à 50 pour cent « que ceux payés dans les chantiers de même espèce aux « Etats-Unis... »

Dans un article publié par le *Forum* et intitulé : « Opinion d'un patron sur la question du travail », M. Carnegie écrivait : « Mon expérience m'a montré que « les *Trades Unions* sont en somme profitables au tra-« vail et au capital. Elles instruisent l'ouvrier et lui

« donnent sur les relations du capital et du travail une « opinion plus juste que celle qu'il se formerait autre« ment. Les ouvriers les plus capables arrivent à diriger « ces organisations et on peut poser comme règle que « plus les ouvriers sont intelligents, plus rares sont les « conflits avec les patrons.

« J'ai remarqué que le directeur qui a le plus sou« vent des conférences avec un comité des principaux « ouvriers, a le moins de difficultés avec ses ouvriers; « en conséquence, je reconnais que dans les Trades« Unions ou, mieux encore, dans les organisations des « hommes de chaque établissement qui choisissent des « représentants pour parler en leur nom, se trouve le « moyen non pas d'aigrir les relations entre patrons et « employés, mais bien de les améliorer »

Sur la courtoisie dans les rapports entre patrons et ouvriers, Carnegie s'exprime ainsi :

« Tant que les rapports entre directeurs et ouvriers « ne sont pas courtois et même amicaux, les chefs « d'industrie perdent beaucoup; et, il n'est pas un di« recteur de premier ordre, celui qui n'a pas la con« fiance, le respect et l'admiration de ses ouvriers. Il « n'est pas un homme vraiment comme il faut, celui « qui n'inspire pas l'affection et le dévouement à ses « serviteurs.

« Que les hommes demandent une entrevue simple« ment, d'une façon convenable, ou bien observent tou« tes les règles de l'étiquette, cela importe peu. A ce « point de vue, nous exigeons davantage du parti qui « est présumé avoir le plus d'éducation, parti qui re« présente le capital, que nous n'exigeons du parti du « travail; mais ce n'est pas trop demander à des hom« mes chargés de grands intérêts que d'exiger qu'ils se « consacrent un peu à la recherche des causes de désaf-

« fection de leurs employés ; et, s'il en existe, qu'ils « fassent en grande partie les avances en vue de réta- « blir l'harmonie. »

Carnegie trouvait ridicule les grèves et les *lock out* (renvoi des ouvriers) parce que, disait-il, « le succès ou « l'insuccès de l'un ou l'autre parti ne fournit pas la « preuve de la légitimité de la mesure.

« Cela ressemble à une guerre entre deux nations. « C'est simplement une question de force et d'endurance « de la part des belligérants. La bataille ou le duel « n'est pas plus sensé qu'une grève ou un renvoi dans « l'industrie considéré comme un moyen d'établir ce « qui est juste et loyal ; et ce serait folie de croire que « par grève ou *lock out* nous pouvons arriver à un ar- « rangement durable entre le capital et le travail. »

Aussi, en écartant la grève de homestead — dont la responsabilité incombe à M. Frick et à M. Frick seul, d'après le comité d'enquête de la chambre des représentants et le rapport du professeur Bemis — M. Carnegie affirme n'avoir eu qu'une seule grève pendant sa longue et laborieuse carrière industrielle.

Voici à peu près comment M. Stead raconte cette unique aventure.

Les ouvriers employés dans les aciéries furent poussés par un agitateur cabaretier qui leur avait assuré que le *petit Bison* — c'était le nom familier donné à Carnegie — n'avait jamais de sa vie flanqué un homme à la porte et qu'il était tout à fait certain qu'il ne lutterait jamais contre les travailleurs. Les ouvriers, bien qu'ils eussent fait un contrat réglant le prix des salaires, se mirent en grève et insistèrent pour réviser le contrat. Le travail fut abandonné et l'usine fermée. Carnegie n'essaya pas d'ouvrir ses ateliers en prenant des travailleurs non syndiqués. Il repousse cette méthode qui, d'après lui, ne recrute pas des travailleurs de premier choix. Il attendit.

Les grévistes se fatiguèrent et nommèrent des délégués pour demander une entrevue. Carnegie, qui a toujours été familier avec ses ouvriers, la leur accorda facilement. Le compte-rendu de cette entrevue est assez amusant.

« Quand les délégués arrivèrent, M. Carnegie les « salua cordialement et les blagua au sujet des aciéries qu'ils avaient laissé dormir. Il leur demanda « ensuite:

« — Quand serez-vous prêts à accepter des ordres « pour mettre en marche les usines?

« Puis, changeant subitement de ton, il leur dit : « Maintenant, mes garçons, on vous a dit que je ne lutterai jamais contre le travail, que je n'avais jamais « eu une dispute avec lui ; cela est tout à fait vrai et « je n'ai pas l'intention d'en avoir; mais lorsque vous « êtes allés plus loin et que vous avez répété que je ne « lutterai jamais contre le travail quoi que vous fassiez, « vous avez oublié que je suis un écossais. »

Il leur dit encore : « — Je ne serai jamais du parti « des travailleurs américains qui se disqualifient eux-« mêmes en violant leur propre contrat. Présentement, « messieurs, vous avez fermé les ateliers, fort bien, « c'est votre droit; mais il n'y a qu'une personne au « monde qui puisse les ouvrir et c'est le *petit Bison*. Si « vous voulez qu'il le fasse, il vous faudra venir chercher son consentement et il ne le donnera que si « vous êtes prêts à signer un nouveau contrat auquel « vous resterez attachés. Bonjour, messieurs. »

La délégation retourna et fit connaître au meeting de l'Union le résultat de son entrevue. Le *leader* du groupe résuma ainsi son impression :

— Garçons, le *petit Bison* a son siège fait et il séchera plutôt que de céder.

M. Carnegie partit pour New-York où le rejoignit quelques jours après une nouvelle députation des grévistes.

— A-t-on amené les chefs du syndicat à accepter les nouvelles conditions? demanda Carnegie.

Les délégués répondirent que non.

— Bonjour, messieurs, dit Carnegie, je regrette que vous vous soyez donné la peine de venir jusqu'à New-York.

Quelques jours s'écoulèrent. Les délégués revinrent apportant cette fois l'autorisation exigée. M. Carnegie les emmena au Parc central et les invita à dîner chez Delmonico. Puis, il leur présenta le nouveau contrat stipulant le principe de la hausse et de la baisse des salaires suivant les conditions du marché, c'était l'échelle mobile. Il accordait aux représentants des ouvriers le droit d'inspecter les livres et les documents commerciaux de l'Etablissement. Les *leaders* demandèrent s'ils pouvaient signer comme représentants de l'Union?

— « Certainement, répondit Carnegie, signez comme « il vous plaira. Et ils apposèrent leurs signatures avec « empressement.

« — Maintenant, reprit Carnegie, que je vous ai « obligés en vous laissant signer comme il vous plaisait, « voulez-vous m'obliger à votre tour en signant chacun « de vous selon le rôle qu'il remplit dans l'union? Mis « au pied du mur tous s'exécutèrent. »

Ainsi se termina l'unique grève qui ait éclaté dans ses usines pendant sa direction et M. Carnegie est fier d'avoir su conduire, sans plus d'entraves et pendant de si longues années, un aussi grand nombre d'hommes de nationalités diverses.

A ces anecdotes et renseignements ajoutons que les usines Carnegie payaient 75 millions de salaires par an, et nous aurons donné une idée sommaire de l'importance des établissements métallurgiques que ce capitaine d'industrie avait su grouper sous son contrôle; de même nous avons indiqué quelques-unes des idées d'après lesquelles il exerçait la direction.

IV.

L'industrie américaine a pris une extension considérable pendant ces vingt dernières années ; et la tendance qui s'est le plus vivement manifestée pendant cette période a été la concentration des travaux de même nature dans un nombre d'usines de plus en plus restreint, mais d'importance infiniment plus grande, de façon à diminuer le personnel administratif tout en augmentant la puissance de production.

Quelques chiffres comparatifs empruntés à « *L'ouvrier Américain* » de Levasseur (1) mettront en relief ce double mouvement :

Aux Etats-Unis.

Pour le fer : en 1880, 1005 établissements produisaient une valeur de 69 millions 1/2 de dollars ;

En 1890, 615 établissements produisaient une valeur de 431 millions de dollars.

Pour la laine : en 1880, 2689 établissements produisaient chacun une valeur moyenne de 98,000 dollars ;

En 1890, 2489 établissements produisaient chacun une valeur moyenne de 136,000 dollars.

Pour le coton : en 1870, 936 établissements produisaient chacun une valeur moyenne de 196,000 dollars ;

(1) Compte-rendu des séances de l'Académie des sciences morales et politiques, année 1896, 2e semestre.

En 1890 : 905 établissements produisaient chacun une valeur moyenne de 293,000 dollars.

Pour la farine : en 1880, le nombre des moulins était de 24,338 produisant chacun en moyenne 194 boisseaux par jour ;

En 1890 : le nombre des moulins tombait à 18,470 produisant chacun en moyenne 298 boisseaux par jour.

La fabrication des machines agricoles qui en 1880 et avec 1943 établissements produisait une valeur totale de 68 millions de dollars, produisait en 1890, avec seulement 910 établissements, une valeur totale de 81 millions de dollars.

Ce mouvement s'accomplit dans toutes les branches et c'est avec raison que M. Levasseur écrit : « Il se manifeste dans tous les pays manufacturiers ; il est un des « phénomènes caractéristiques de l'évolution économi- « que de notre temps. L'application des procédés de la « science à la fabrication, l'emploi de la vapeur et des « machines, la rapidité et l'économie des transports qui « facilitent l'approvisionnement et le débouché, surtout « la construction des chemins de fer, l'accroissement « des capitaux, l'augmentation de la consommation en « sont les causes principales. La manufacture est plus « difficile à fonder que le petit atelier ; mais, quand « elle peut être organisée, elle a sur lui l'avantage de « mettre tous les services sous la main de l'entrepre- « neur, de donner plus d'unité à la direction de l'entre- « prise, tout en favorisant une division rationnelle du « travail, d'économiser la force motrice et la place, « d'épargner les pertes de temps et de faciliter l'emploi « des inventions nouvelles. Les nécessités de la concur- « rence poussent de plus en plus l'industrie à se consti- « tuer en manufacture et la manufacture à s'agrandir « jusqu'à une certaine limite, celle de la puissance d'un

« homme à bien diriger une entreprise et surveiller son « personnel.

« Les crises qui exercent une action énergique aux « Etats-Unis, ont contribué à y accélérer le mouvement « et à opérer une transformation très rapide, brutale « même dans certains cas. L'œuvre n'est pas achevée ; « la transformation continue ; elle s'accélèrera probablement encore.

« Le travail à domicile ne se défend dans beaucoup « de cas que par les bas salaires et ce n'est pas de ce « côté que doit être cherché le progrès. Les barrières « de douane que les gouvernements ont surélevées depuis une quinzaine d'années et qui gênent l'expansion « commerciale sont en contradiction avec la tendance à « la concentration, mais n'arrêtent pas le mouvement. »

Voilà les réflexions qu'une enquête très approfondie, faite sur place aux Etats-Unis, inspire à M. Levasseur. Depuis la publication des documents que nous venons de citer (1896) les faits ont largement justifié les prévisions de l'enquêteur ; et l'industrie du fer et de l'acier, qui a pris tout dernièrement une si grande importance, est bien celle où la concentration s'est manifestée avec une rapidité sans égale.

Jusqu'en 1895 son développement avait suivi le cours général d'extension que prenaient les autres industries, mais, à partir de cette époque, il devint évident que, dans cette partie, certains établissements prenaient la tête du mouvement et devenaient prépondérants ; de nouvelles usines s'ajoutaient aux anciennes, l'outillage de ces dernières était augmenté et perfectionné et de nouvelles fabrications surgissaient employant la matière première, fer ou acier, produit des usines de la première heure.

La Compagnie Carnegie prit les devants et on calcule

qu'elle fournissait 30 % des rails d'acier des chemins de fer, 50 % des plaques de blindage, 50 % des matériaux de construction, dans la production totale des Etats-Unis.

M. W. F. Willoughby, qui a publié au début de l'année d'intéressants renseignements sur *la Corporation de l'acier des Etats-Unis* (1), nous dit que « M. Carnegie, « vingt-cinq ans avant ses concurrents, avait commencé « l'organisation de son entreprise sur le principe d'une « intégration exacte de toutes les branches de l'indus- « trie sous un contrôle unique. »

Et, à l'appui, il nous donne la déposition de M. Charles Schwab qui présida la compagnie Carnegie et plus tard la corporation de l'acier après l'absorption de la Compagnie Carnegie par cette dernière.

Voici un extrait de la déposition de M. Schawb, devant la Commission de l'industrie :

« La Compagnie Carnegie de l'acier fut, à ses débuts, « une société unique. Quand elle commença l'exploita- « tion des minerais métalliques, elle forma une organi- « sation à part, et agit ainsi pour chacune des branches « de son entreprise : sa compagnie de navigation sur « les lacs (Compagnie Bessemer de transports à vapeur) « (*Bessemer Steamship C°*) était une organisation à « part ; ses chemins de fer (la Compagnie de Chemins « de fer de Bessemer et Erie) (*the Bessemer and Erie « railroad*), couvrant une longueur de 156 milles (280 « kilomètres environ), de Port-Cooneant jusqu'aux usi- « nes de Pittsburg, étaient organisés à part ; ses entre- « prises de coke, de pierre à chaux, en un mot toutes ces « 26 ou 27 différentes sociétés avaient leur administra- « tion séparée, mais l'entourage de M. Carnegie avait

(1) *Le Musée social, mémoires et documents*, février 1902. Arthur Rousseau, éditeur. Paris.

« dans chacune d'elles une part prépondérante ou, pour « mieux dire, M. Carnegie lui-même avait assez de « titres pour lui assurer la haute main, puisqu'il possé- « dait un peu plus de 50 % du capital social de chacune « des sociétés.

« On s'aperçut alors que cette association était deve- « nue si vaste, que les affaires étaient de natures si « variées, qu'il y avait tant de sociétés à administrer, et « tant de parts d'associés dans des intérêts si différents, « que, pour amener l'harmonie entre nos associés, on se « décida à tout réunir sous le contrôle d'une même cor- « poration qui serait connue sous le nom de Compagnie « Carnegie (*Carnegie Company*). Une des principales « raisons qui amenèrent ce résultat fut l'idée qu'avait « M. Carnegie que, par exemple, l'un des associés dans « l'industrie du coke ne devait pas avoir un intérêt plus « considérable dans le coke qu'il n'en avait dans l'acier, « car cela pouvait affecter les contrats à intervenir « entre les deux sociétés ; ou qu'un associé ne devait « pas avoir un intérêt plus considérable dans la navi- « gation que dans l'acier ; il réunit donc tous ces inté- « rêts dans une seule et même société de façon à ce « que les intérêts de chaque associé formassent un tout « homogène. »

Mais, pendant que s'opérait cette transformation, d'autres compagnies métallurgiques imitaient cette ligne de conduite et s'organisaient en *Trusts* ; et dans son étude sur *le Fer, la Houille et la Métallurgie à la fin du XIXe siècle* (1), M. Georges Villain nous fournit des renseignements détaillés extrait du rapport que MM. Hovine et de Nimal ont rédigé pour l'association des maîtres de forges de Charleroi sur la situation du marché sidérurgique en Amérique.

(1) Librairie Armand Colin, Paris, 1901.

D'après ce rapport, que nous résumons ainsi, dès 1898 des ententes existaient pour affermir les prix ou en provoquer la hausse ; en 1899 d'autres *Trusts* furent créés sous le nom de *Consolidations* ou *Combinations* pour échapper, par une variante dans la forme, aux restrictions des lois dites *anti Trusts* votées par différents Etats. Ce mouvement de concentration devint très grand sans qu'il y eut accaparement.

D'après une liste de l'Age d'Acier, (*The Iron Age*) 28 compagnies ou syndicats existant alors aux Etats-Unis rien que pour l'industrie sidérurgique, possédaient la direction de 397 sociétés ou usines dont le capital d'émission autorisé s'élevait à la somme de cinq millards de francs, mais dont la partie émise atteignait seulement environ quatre milliards.

« L'industrie sidérurgique » dit M. Georges Villain « n'étant pas entre les mains d'un seul *Trust*, mais « comme on vient de le voir, dans celles de plusieurs « gigantesques corporations, capables de se déclarer la « guerre les unes aux autres, l'avenir des titres de ces « sociétés est assez incertain. Beaucoup pensent que si « des sociétés comme la *Carnegie* et l'*American Steel* « *and Wire Company* engageaient une lutte entre « elles, ce conflit pourrait amener la ruine de l'une ou « de l'autre et peut-être même de toutes les deux à la « fois......

« Quoique il en soit de ces rivalités entre grandes « compagnies américaines, il n'en reste pas moins vrai « que les Etats-Unis possèdent maintenant un outillage « formidable, qui en fait la première puissance indus- « trielle du monde (1) ; que la colossale consommation

(1) En 1900 la production de la fonte se répartissait ainsi :

Etats-Unis	14.010.000	tonnes.
Angleterre	9.300.000	—

« intérieure du fer et de l'acier qui a provoqué la créa-
« tion de cet outillage semble arrivée à son maximum ;
« et que, pour combler la restriction des débouchés qui
« se produit de ce côté, les Américains cherchent avec
« énergie et persévérance des marchés de plus en plus
« larges au-delà des océans, jusqu'en Europe et jusque
« dans les vieux pays métallurgistes eux-mêmes. »

Pourtant si les prévisions d'un conflit possible entre la « Carnegie-Rockefeller *combination* » et d'autres compagnies syndiquées ne se réalisèrent pas, on en approcha de bien près.

En 1896, Carnegie, le roi de l'Acier, devenu le plus grand métallurgiste américain s'était entendu avec Rockefeller, le roi du Pétrole, et avait loué pour cinquante années les riches gisements de fer que ce dernier possédait au lac Supérieur. Ce minerai abondant, d'une extraction facile, et riche en teneur de fer (90 pour 100) était excellent pour la fabrication de l'acier. Carnegie pouvait aussi disposer des grands navires spécialement construits pour le transport du minerai sur le lac.

La *Combination* Carnegie-Rockefeller était devenue une puissance formidable, son capital s'évaluait à 2 milliards, son outillage passait pour merveilleux.

Mais les 28 *Trusts* que nous avons indiqués représentaient aussi des intérêts considérables : leur capital émis s'élevait à 4 milliards de francs et par la nature de leurs

Allemagne et Luxembourg.............	8.423.000	tonnes.
Russie....................................	1.431.000	—
Belgique..................................	1.025.000	—

En 1885, l'Angleterre tenait la tête avec une production de 7.217.000 tonnes de fonte ;

En 1890, les États-Unis l'avaient dépassée avec une production de 9.202.000 tonnes de fonte contre 7.904.000 tonnes produites par l'Angleterre.

travaux un certain nombre d'entre eux et des plus importants se trouvaient des rivaux de la *Combination* Carnegie. Ce fut au cours de l'année 1900 et sous l'impulsion de ces circonstances que M. Pierpont Morgan réunit les intérêts de trois de ces compagnies (la *National Tube*, la *Fédéral Steel* et l'*Américam Steel and Wire*) dont le capital total atteignait 1 milliard huit cent cinquante millions, pour lutter au besoin contre la *combination* Carnegie-Rockefeller. Il ne restait qu'un moyen d'éviter le conflit, c'était de concilier et de fusionner les intérêts. C'est ce qu'on fit.

La puissante maison de banque J. P. Morgan et Cie fut chargée de l'opération et au moment même où l'on se demandait comment allait finir le conflit entre les forces rivales, on apprit, en février 1901, que M. Morgan avait traité avec M. Carnegie.

Une *combination* ou une corporation comme l'on voudra, la plus grande qui ait été constituée, fut créée sous le nom de *U. S. Steel Corporation* et une circulaire, partie le 2 mars 1901, des bureaux de M. J. P. Morgan et Cie, 23, Wall Street, New-York, apprenait à 7 compagnies métallurgiques importantes avec qui on s'était sans doute déjà entendu, que la Corporation de l'acier venait d'être fondée conformément aux lois de l'Etat de New-Jersey, avec le pouvoir d'acheter toutes les actions privilégiées ou ordinaires des Compagnies désignées dans la circulaire. Le capital d'émission autorisé était de cinq milliards et demi de francs.

Mais depuis et en raison de nouveaux achats la charte de la Corporation de l'acier a éte révisée, de manière à lui permettre l'émission de sept milliards vingt millions de francs. Des détails financiers précis sont exposés dans la publication de M. W. F. Willoughby dont nous avons déjà parlé et nous renvoyons à cette brochure les lecteurs qui voudraient bien s'y intéresser.

V

Le trust du pétrole et le trust de l'acier ne sont que deux exemples qui indiquent comment de telles concentrations ont pu se produire ; mais ce n'est pas seulement sur le pétrole et l'acier que le mouvement de concentration des industries américaines s'est développé. Toutes les industries seront probablement influencées tôt ou tard par des modifications de même nature, ayant pour principe l'unité d'action et pour but l'économie de ressort. Une statistique publiée dernièrement montre combien la concentration industrielle a pris et prend chaque jour une plus grande extension aux Etats-Unis.

Au dernier recensement il existait 183 « Trusts » ou « Combinations » lesquels englobaient 2,383 entreprises appartenant aux plus diverses branches de l'industrie et du commerce. Pourtant, ce sont les trusts de la grande métallurgie qui tiennent la tête : on en a trouvé 69, qui groupent 469 entreprises, « contrôlent » un capital global de 348 millions de dollars, et réalisent une production évaluée globalement à un demi-milliard de dollars. Rien que dans les aciéries, ces trusts emploient 146,000 ouvriers, qui reçoivent 81 millions de dollars par an, et 6,000 employés, qui touchent 7,5 millions.

Il y a 23 trusts de l'alimentation, avec 277 entreprises adhérentes, un capital de 247 millions de dollars et une production de 282 millions. Puis 29 trusts pour la fabrication des boissons (bières, spiritueux, etc.) avec 286 entreprises, un capital de 120 millions, et une production de 93 millions. L'industrie textile est dotée de 9 trusts, avec 72 entreprises et, un capital de 92 millions. Dans les « cuirs et peaux », on trouve 6 trusts, avec 100 entreprises et un capital de 63 millions. L'industrie du plomb entre en ligne avec 18 trusts, 65 entreprises et 25 millions; celle du papier avec 8 trusts, 190 entreprises et 59 millions; celle des produits chimiques avec 19 trusts, 287 entreprises et 187 millions; celle de la pierre, de la brique, du ciment, du verre, de la céramique avec 17 trusts, 201 entreprises et 49 millions.

Puis voici le travail du cuivre, de l'étain et du zinc: 16 trusts, 94 entreprises et 120 millions; les tabacs : 5 trusts, 41 entreprises et 16 millions; les wagons, les voitures, les automobiles, les bicyclettes: 6 trusts, 66 entreprises et 86 millions.

Enfin, les 183 trusts ont ensemble un capital de 3.569. 615. 808 dollars, dont 1.458. 522.573 sont représentés par des terrains, des constructions, des machines et des outils. Le reste est en papier.

Ce relevé est déjà dépassé, car le travail de concentration marche bon train. Il existe des trusts dans tous les pays sans exception; et si l'on cite surtout ceux des États-Unis, c'est parce que là-bas les trusts sont proportionnellement plus nombreux et plus puissants qu'ailleurs.

Sous le nom de cartels et syndicats ils ont pris en Allemagne une extension énorme.

Le « *Petit Temps* » du 13 avril 1902 nous fournit le renseignement suivant:

« Ils s'élèvent au chiffre de 300, dont 80 pour le commerce et 220 pour l'industrie. Ces différents cartels et syndicats se proposent maintenant de compléter leur organisation par la création d'une représentation commune. Des pourparlers viennent de s'engager à Berlin, à cet effet, entre tous les représentants des syndicats existants, sous la présidence de M. Jenke. On ne doute pas qu'ils aboutissent. »

Pour donner aux lecteurs du « *Devoir* » un aperçu de la façon dont l'opinion publique a pu juger les trusts, nous allons reproduire un certain nombre d'informations prises dans les journaux de langue française ; le nombre en sera naturellement réduit ; à les donner toutes un volume ne suffirait pas.

Du « *Petit Méridional* », [illegible] janvier 1902 :

« — Paris. — Un rédacteur du *Journal* a eu un entretien avec M. Schwab, président du grand trust américain de l'acier. M. Schwab est d'avis que l'avenir industriel et commercial est aux trusts dont rien ne saurait arrêter l'essor.

« Les pays où ils ne se formeront pas devront abandonner, tôt ou tard, la lutte pour la suprématie commerciale. L'unique but de chaque trust est, en effet, de diminuer le prix de production des articles qu'il manufacture. Or, dix compagnies réunies parviennent aisément à ce but, en supprimant leurs frais généraux de direction, pour ne plus avoir qu'une unique administration, leur production devient ainsi moins onéreuse. D'autre part, le trust emploie de plus en plus d'ouvriers et les paie de mieux en mieux.

« L'essor du socialisme ne préoccupe pas M. Schwab. L'ouvrier américain est bien payé et ne se plaint pas. M. Schwab est opposé aux trades-unions, telles qu'elles sont organisées en Angleterre, mais il insiste sur le fait que les trusts assurent aux travailleurs de meilleurs salaires et, dit-il, quand les gens gagnent bien leur vie, leurs droits ne les préoccupent pas beaucoup.

« Cependant, M. Schwab reconnaît qu'il y a danger, dans cette tendance des nouvelles méthodes, à supprimer les individualités. Il ne faut pas que l'homme de talent disparaisse. Le talent est une force, le paralyser serait antinaturel et dangereux. Aussi, M. Schwab veut-il encourager dans ses usines, l'initiative individuelle, aider les ouvriers les plus entreprenants à devenir peu à peu ses associés. Il veut que la participation aux bénéfices soit une partie intégrante du système des nouveaux trusts.

« M. Schwab estime que l'essor de l'Amérique sera illimité. Sans les tarifs douaniers français, les Américains forceraient les industriels français à renoncer à la lutte. Les méthodes commerciales françaises lui paraissent routinières et démodées. De tous les pays européens, c'est l'Allemagne qui, à ce point de vue, est le plus en avance.

« M. Schwab croit que la création d'une école industrielle française aux Etats-Unis ne produira que peu de chose ou rien, à cause de l'esprit réfractaire aux innovations des Français. »

Du « *Temps* », 25 avril 1902 :

New-York, 3 avril.

Les trusts et la régularité du marché. — Les trusts institutions privées sous le contrôle public:

« Le Trust de l'acier a publié il y a peu de temps son premier rapport annuel. Les bénéfices sont de 84,779,298 dollars, soit près de 430 millions de francs. Après déduction des intérêts, des frais d'amortissement du matériel et des dividendes, il reste un surplus de 19 millions et demi de dollars, soit 100 millions de francs.

« Les Américains ont l'habitude des sommes énormes, et l'annonce d'un bénéfice annuel de 430 millions n'est pas ce qui les a le plus impressionnés dans le rapport du trust. Mais, pour d'autres raisons, ce document a attiré l'attention universelle et méritera d'avoir une place dans l'histoire économique des Etats-Unis.

« On pourrait dire que depuis deux ou trois ans les trusts sont « sur la sellette ». Après les avoir discutés jusqu'à épuisement, le peuple américain se tait, faute d'avoir pu conclure ; il attend ; il accepte les trusts « à l'essai », et, n'ayant pu juger leur cas, il laisse le temps les juger. Il tient en réserve sa puissance souveraine, prêt à tolérer ou à contrôler ou à écraser les monopoles géants, selon que le public au bout de quelques années en aura bénéficié ou souffert

«Or, le rapport du trust a plus fait que tout ce qui s'est dit ou écrit depuis trois ans, pour lui concilier l'opinion publique. Ce rapport est plus qu'un rapport. C'est un *manifeste*. C'est une *déclaration de principe*, et le principe dont le trust se fait une règle n'est ni plus ni moins que le maintien de la *stabilité industrielle*. Le trust promet d'immobiliser ses prix de vente ; il fait en grand ce que fait le commerçant qui inscrit sur sa vitrine « prix fixes ». Mais il le fait à la façon d'un géant, qui mettrait tout son poids et toute sa masse en travers de la vieille loi de l'offre et de la demande pour en empêcher le jeu. Voici le texte même d'une partie du rapport : « La demande sur le marché du fer a été si considérable qu'il eût été facile d'élever les prix. Des clients ont offert un prix supplémentaire pour obtenir plus vite livraison de leur commande ; mais la compagnie a inébranlablement persisté dans son attitude, qui est de ne pas élever les prix, parce que les multiples avantages qui résulteront à la longue de la fixité des prix lui semblent devoir être d'une valeur réelle et permanente, non seulement pour la compagnie, mais, aussi, pour l'ensemble du monde des affaires dans le pays. ... La fermeté de la compagnie, résolue à assurer la stabilité des prix pour les matières premières comme pour les produits fabriqués, a eu une influence rassurante sur le marché en général et a grandement contribué à multiplier les demandes dans l'industrie de l'acier en écartant toute incertitude sur les prix à venir. »

« La portée de cette politique est incalculable. Elle risque de renverser les lois économiques et les phénomènes économiques. Jusqu'ici les Etats-Unis n'ont cessé de passer par des alternatives de prospérité et de crise ; le marché a été secoué par un jeu de bascule ; il a eu des saisons de faillites comme celle qui est en train de sévir en Allemagne. Or, la cause des crises a été la surproduction et la cause de la surproduction a été la hausse des prix. Il est fatal que des prix plus rémunérateurs multiplient les ateliers, que les ateliers une fois équipés s'entêtent à produire, même à perte, et que la spéculation accroisse l'écart entre la valeur réelle et la valeur fictive jusqu'à l'heure de la panique. En dernière analyse, ce sont *les hausses de prix* qui, par une série de contre-coups, sont *responsables des crises*.

« C'est ainsi que, lors du dernier flux et reflux industriel, les mêmes usines qu'avaient paru enrichir les prix forts de 1890 commencèrent à faire faillite à partir de 1893. Plusieurs ont été depuis absorbées par le trust, et le trust n'est pas à l'abri d'une oscillation et d'une catastrophe comme celle qui a ruiné ses prédécesseurs. Un des économistes distingués des États-Unis, le professeur Meade, a calculé que si les bénéfices de l'industrie du fer variaient dans la même proportion qu'ils ont varié de 1870 à 1893, le déficit du trust, avec son chiffre d'affaires, serait de 32 millions de dollars la troisième année, soit une perte de 150 millions de francs au lieu d'un gain de 430 millions.

« Le trust est donc menacé, au même titre que les individus, par les crises et les paniques qui sont le dernier contre-coup des hausses de prix. Mais entre le trust et une pluralité d'usines, il y a *cette différence* qu'une fois admis ou prouvé que *la hausse des prix est la source première des perturbations, le trust peut empêcher cette hausse, tandis que des usines isolées ne le peuvent pas.* Si la loi de l'offre et de la demande tend à élever les prix, chaque concurrent, sûr que ses voisins les hausseront, ne veut pas être le dernier à profiter d'une hausse qu'il sait ne pas dépendre de lui-même; et par les lois mêmes de la concurrence il est inévitable que les lois de l'offre et de la demande aient leur plein effet. La concurrence et l'offre et la demande sont deux phénomènes corrélatifs. Il faut avoir supprimé l'un pour annuler l'autre. Il n'y a qu'*un monopole qui puisse faire abstraction de l'offre et de la demande.*

« Ce sera l'originalité, et probablement l'honneur du trust de l'acier d'avoir cherché et peut-être réussi à *contrebalancer par sa volonté raisonnable* une de ces aveugles lois économiques dont la société a trop cru qu'elle devait être le jouet. En assurant la régularité du marché, le trust assure son propre salut et sa propre durée. C'est déjà un mérite de l'avoir compris. Mais il rend de plus à la société un service qui ne contribuera pas peu, soit à le justifier en lui-même, soit à le légitimer devant l'opinion. Les crises industrielles démoralisent les capitalistes et affament les ouvriers. Elles sont les causes de l'état d'esprit spéculatif chez les riches et de l'état d'esprit révolutionnaire chez les travailleurs. On pourrait dire que les spéculations sont les révolutions des millionnaires, et que la révolution est la spéculation du pauvre. Spéculation et révolution sont deux formes du hasard. Tout ce qui réduit la part du hasard dans le monde tend à les écarter : tout ce qui substitue la prudence humaine aux accidents dits économiques est un vaccin contre l'esprit spéculatif et l'esprit révolutionnaire. Si le trust égalise la demande, régularise le marché, organise l'équilibre de la production et de la consommation, il aura aidé à l'architecture de cette société raisonnable qui est le but de la démocratie.

« C'est, en effet, une nécessité pour le trust d'être une institution démocratique. Il sera cela ou il cessera d'être. L'opinion publique le guette, et il le sent. Le peuple américain peut avoir tous les défauts, mais il a une qualité : c'est d'être merveilleusement intelligent et merveilleusement éclairé en matière d'économie politique. L'enseignement populaire est aux Etats-Unis un enseignement économique. Le peuple attend les trusts à leurs œuvres, prêt à juger l'arbre par ses fruits.

« Les trusts feront en partie ce que le socialisme veut faire : ils substitueront l'organisation au chaos. La réorganisation risque de se faire mieux que dans le socialisme, parce qu'elle sera faite par des gens d'affaires au lieu de l'être par l'Etat. Elle ne s'en fera pas moins sous le contrôle du peuple, vigilant à épier le régime des trusts et toujours prêt à le remplacer par un régime socialiste. Le trust aura une position par certain côté semblable à celle de ces grandes banques qui, comme la Banque de France, restent des institutions privées, tout en jouant un rôle national qui les expose à la surveillance de l'opinion et leur impose des obligations morales.

« Les obligations des trusts vis-à-vis de la nation seront-elles déterminées par les lois ou par les mœurs? Cela dépendra surtout de leur propre attitude. S'ils préviennent d'eux-mêmes les volontés de l'opinion, les Américains, économes de lois, jugeront inutile d'en faire. En ce moment la garantie la plus universellement réclamée des trusts est la publicité de leurs livres de comptes. C'a encore été un acte de sagesse du trust de l'acier d'entrer dans la voie de la franchise financière en publiant ses bilans mensuels, bien que quelques-uns des mois d'hiver, par suite de la gelée de ses canaux, présentent des chiffres moins flatteurs que ceux des comptes annuels. »

Du « *Rentier* », 27 avril 1902 :

Le trust américain du nickel.

« L'*International nickel Company*, qui constitue le trust américain du nickel, a été incorporée au capital de 24 millions de dollars, divisé, par moitié, en actions ordinaires et en actions de préférence. Sur ce chiffre, 9 millions de dollars d'actions ordinaires et un chiffre égal d'actions de préférence sont destinés à acquérir le capital-actions des sociétés suivantes : Canadian Copper Company, Anglo American Iron Company, Vermilion Manufacturing Company, Oxford Copper Company, Nickel Corporation of London, Société minière calédonienne, Joseph H. Warton's American Nickel Works. Le taux de dividende pour lequel les actions de préférence sont privilégiées est de 6 0/0, non cumulatif. Il sera, en outre, créé des obligations 5 0/0 pour 10 millions de dollars. Le groupe de l'International Nickel Company et celui de la Compagnie française « Le Nickel » qui resterait en dehors de la combinaison américaine, seront les maitres de la production du nickel dans le monde. »

Du « *Rentier* », 17 juillet 1902 :

« **Les bénéfices du Trust de l'Acier.** — On annonce de New-York que l'United States Steel Corporation (*Trust de l'Acier*), bien qu'elle ne distribue que le dividende habituel, pour le trimestre, de 1 0/0 sur ses actions ordinaires, a réalisé, pour les trois premiers mois de l'exercice en cours (avril-juin), un bénéfice net de 37 millions 692,000 dollars, contre 26,364,000 dollars pour la période correspondante 1901, soit une augmentation de 11,328,000 dollars ou plus de 40 0/0. Après avoir pourvu aux fonds d'amortissement et de réserve, ainsi qu'aux intérêts sur les obligations et aux dividendes des actions, il reste un excédent de 15,277,000 dollars. C'est un beau résultat pour le début de l'exercice. »

Du « *Temps* », 22 août 1902 :

« Bien qu'on assure que M. Schwab, président du trust des aciers, vient en Europe pour raisons de santé, le *Herald* affirme que son voyage a pour but de compléter l'œuvre de M. Pierpont Morgan, d'organiser les usines de la corporation de l'acier et de répartir les opérations. Les membres du trust de l'acier avaient, dès le début, formé le projet de fusionner les usines métallurgiques anglaises et allemandes avec celles des Etats-Unis.

« M. Schwab a déclaré qu'il n'avait nullement l'intention de donner sa démission de président du trust ni de se retirer des affaires. »

D'une courte biographie publiée par « *Le Matin* » sur M. Schwab, nous extrayons ce qui suit :

« M. Schwab, celui qu'on appelle maintenant en Amérique le roi de l'acier, est arrivé en Europe. Il vient rétablir sa santé compromise par le travail acharné auquel il doit sa grande fortune.

«On a dit qu'il avait abandonné définitivement la présidence du trust de l'acier aux Etats-Unis. La vérité est qu'avant de quitter New-York, il a exprimé, par câble, à M. Pierpont Morgan, le désir d'être relevé de ses fonctions présidentielles, et ce n'est qu'ici, disent les officieux de Carnegie, qu'il élaborera le programme qui lui permettra de se retirer momentanément.

«C'est le moment de dire en quelques mots ce qu'a été jusqu'à présent la vie de ce milliardaire, vie toute de labeur et fertile en beaux exemples.

«Charles-Michaël Schwab est né à Williamsburg, aux Etats-Unis, le 18 février 1862. Il n'avait pas encore atteint la quarantaine, lorsqu'il fut nommé président du trust de l'acier, c'est-à-dire du syndicat des aciéries américaines, l'organisation industrielle et corporative la plus puissante qui soit au monde; avec des appointements de 250,000 livres sterling (6 millions et demi de francs), le traitement le plus élevé que l'on connaisse.

«Venu pauvre sur terre, mais doué de cette volonté tenace qu'il a plus tard appelée «l'héritage indispensable de la pauvreté», il fut élevé par les Pères franciscains de Loretto, en Pensylvanie, et débuta dans la vie comme petit groom dans un entrepôt d'épicerie, aux gages hebdomadaires de douze francs; puis il se fit embaucher à Braddock, comme charroyeur de bancs de fonte; là, il gagna de suite un dollar par jour.

«Ce fut l'origine de son inimaginable fortune. Distingué bientôt par ses chefs pour son aptitude aux affaires et son goût aux mathématiques, il se vit chargé de la direction de certains travaux. Sept années plus tard, en 1887, ayant à peine vingt-cinq ans, il était nommé directeur général des aciéries de Homestead, où il créa l'industrie des plaques d'acier pour le revêtement des navires.

«Depuis, il a remplacé le capitaine Jones comme superintendant de toutes les usines Thomson; et il est, en outre, président de la compagnie de l'acier de Carnegie, avec 50,000 dollars d'appointements annuels et un intérêt dans les bénéfices de l'exploitation, estimé à environ sept millions de dollars par an.

« Il a mis moins de vingt ans à échafauder cette fortune colossale qui fait de lui un des plus riches milliardaires des Etats-Unis, et maintenant il professe une théorie sociale d'après laquelle l'idéal de la vie des hommes en groupements serait une communauté dont chaque membre recevrait ce qu'il gagne, les possibilités de gagner restant illimitées.

« Ses études sur la meilleure organisation de la prospérité d'une société l'ont amené au système du Trust, qu'il a basé sur cet axiome commercial que, plus grand est l'écoulement des produits, plus petit relativement est le coût de la production ; la plus grande entreprise a une grande supériorité sur les plus petites, et cet avantage s'accroît indéfiniment ; le trust offre ainsi la plus réalisable combinaison de coopérative industrielle qui se soit jusqu'ici présentée ; le capital s'y trouve plus amplement partagé et le travail y trouve une participation plus intime avec le capital. »

Bornons-nous là pour ce qui concerne la corporation de l'acier et voyons quelques-unes des informations de la presse de langue française sur la compagnie internationale de marine marchande.

VI

Empruntons d'abord à « *L'Illustration* » quelques détails biographiques sur M. Pierpont Morgan, l'organisateur du Trust de l'Océan :

« M. J. Pierpont Morgan, né à Hartford, en 1837, est un grand banquier de New-York et philanthrope à ses heures. Son nom avait été prononcé en 1870 à propos de l'emprunt Morgan. M. J. S. Morgan dont il fut si fort parlé en 1870, était le père de J. Pierpont Morgan et l'associé de George Peabody, banquier, qui avait la réputation d'un financier de premier ordre.

« M. Morgan père laissa à son fils une fortune considérable que celui-ci accrut encore.

« M. J. Pierpont Morgan n'est pas, comme beaucoup de milliardaires américains, sorti des rangs par ses propres efforts ; mais il a su conserver sa situation et l'augmenter. C'est d'ailleurs son esprit à la fois conservateur et réorganisateur que louent ses apologistes. Dans sa longue carrière il a remonté et remis sur pied des entreprises qui périclitaient et ses succès successifs dans cette tâche lui ont valu une réputation considérable.

« La meilleure preuve de la légitimité de cette réputation est la facilité avec laquelle il a conduit des opérations comme le trust de l'acier : M. Andrew Carnegie ayant projeté une fabrique de boulons sur les bords du lac supérieur va concurrencer M. J. P. Morgan ; ce dernier, devant cette menace, syndique les sept plus puissantes sociétés métallurgiques des Etats-Unis, réussit à englober dans ce trust la terrible compagnie Carnegie et crée la plus colossale affaire qui se soit jamais vue...

« Quelques-uns des sauvetages par lui opérés n'ont pas été autrement désintéressés : Mais s'il fallait discuter les mobiles !

« M. Pierpont Morgan fait de son immense fortune un très noble usage. Il donna d'un coup cinq millions de francs à un hôpital de New-York. Autre exemple : Un soir à dîner, son voisin de table (c'était le colonel Auchmuty) l'entretint d'un projet d'école professionnelle. J. P. Morgan l'écouta en silence et déclara au café : « C'est fort intéressant, colonel, ce que vous m'avez « dit là, faites vos plans, je construirai cette école ; mais

« seulement quand tout sera prêt, arrêté, complètement « au point. »

« Le colonel tenait à son idée, il se mit à l'œuvre et au bout de trois années d'études il se présenta au bureau de M. Morgan, au coin de Wall Street et de Broad Street ; il fut immédiatement reçu.

« C'est pour le projet d'école professionnelle », dit-il.

« Bien, » répliqua M. Morgan, et il sonna. « Apportez, « demanda-t-il à l'employé arrivé à son appel, le compte « de l'école du colonel Auchmuty, augmenté de l'intérêt « à 6 °/₀ depuis le jour de notre contrat verbal. »

« Il avait considéré sa parole comme engagée par la simple conversation et, dès le lendemain, fait ouvrir au grand-livre le compte Auchmuty.

« M. Morgan a le front volontaire, le sourcil énergique, l'œil tranquille bien sûr de lui, avec sa moustache grisonnante et ses cheveux de neige, errant sans hâte dans ses bureaux comme un désœuvré, mais connaissant si bien son affaire et la besogne d'un chacun, d'une façon si précise, qu'un seul coup d'œil lui suffit pour saisir au vol le renseignement qu'il lui faut.

« M. J. Pierpont Morgan parle très peu. »

Du *Journal de Genève*, 26 août 1902 :

Le trust de l'Océan

« Un *trust* est une société industrielle parvenue à réunir sous sa domination toutes ou à peu près toutes les entreprises d'une même industrie. C'est une Société monopolisatrice. Quand on parle du trust de l'Océan, on suggère donc l'idée que l'Océan vient d'être conquis par une puissante coalition, qui le réserverait pour son usage exclusif. Nous n'en sommes pas encore là. En réalité, cinq compagnies de navigation, trois anglaises et deux américaines, qui se faisaient concurrence dans l'Atlantique-Nord, sont sur le point de fusionner. Et elles s'entendent avec deux grandes compagnies allemandes pour s'interdire certains procédés de lutte. Le trust de l'Océan se réduit donc à ce que sept grandes compagnies ont décidé de ne pas se faire la guerre, que cinq d'entre elles fusionnent, que, par suite de cette fusion, trois compagnies anglaises sont absorbées par une société américaine. Cela n'en constitue pas moins un évènement politique et économique de première importance.

« Depuis plusieurs années, les compagnies transatlantiques se font une concurrence acharnée ; elles construisent des navires de plus en plus coûteux, ayant des aménagements très luxueux, et rivalisant de vitesse pour se disputer les passagers. Il y a dix ans, il n'existait dans le monde que huit navires filant vingt nœuds ; à l'heure actuelle, il y en a une soixantaine, au premier rang desquels se placent les bateaux allemands. Or on sait que l'augmentation de vitesse d'un navire, au-delà d'une certaine limite, exige des chaudières très puissantes et une consommation de charbon considérable.

«Le prix des passages ayant diminué sensiblement par suite de la concurrence et les frais de navigation des grands paquebots ayant suivi la progression inverse, il en résultait que beaucoup de compagnies, surtout des compagnies anglaises, allaient à la ruine.

« D'autre part, il est prouvé qu'une seule compagnie, la Hamburg-Amerika, pourrait économiser annuellement 60 millions de francs en supprimant un certain nombre de départs inutiles pendant la saison morte, de novembre à avril. En sept jours, il part de New-York pour l'Europe nord-occidentale huit grands paquebots, alors que deux ou trois suffiraient entièrement ; mais comme chacun de ces paquebots appartient à des compagnies différentes et de forces à peu près égales, cela pourrait durer longtemps encore, si on ne se décidait pas à conclure une entente amiable.

« C'est ici qu'est intervenu M. Pierpont Morgan, le grand tentateur, celui qui déjà, dans le *trust* de l'acier, avait su cimenter l'alliance des trois groupes de fabricants américains les plus puissants. Le plan qu'il proposait était des plus simples. Les principales compagnies transatlantiques cesseraient de se combattre, mais uniraient au contraire leurs intérêts ; les plus vieux navires seraient mis en réforme ; seuls, les paquebots les plus rapides resteraient en service et assureraient, autant que possible, un service quotidien dans chaque sens entre l'Europe et New-York. Pour réaliser ce plan, M. Morgan commença par acquérir la majorité des actions de la compagnie anglaise *Leyland*, qui possédait quarante-six navires d'un tonnage total de 290.000 tonnes ; puis, en qualité de porte-parole d'une des compagnies les plus importantes, et avec l'appui de la *Red Star* et de l'*Américan Line*, toutes deux américaines, il fit à la *White Star*, à la *Dominion*, à l'*Atlantic*, des propositions si avantageuses que les actionnaires de ces sociétés, dont les dividendes étaient fort compromis, n'hésitèrent pas à entrer en pourparlers avec M. J. Pierpont Morgan et Cie. Enfin, le 4 février 1902, un accord était signé entre ces banquiers d'une part et les lignes suivantes : *White Star*, *Dominion*, *American* et *Atlantic*.

« Le capital de la corporation était de 120 millions de dollars, avec 50 millions de dollars d'obligations.

« Les compagnies qui entraient dans le *trust* abdiquaient toute direction entre les mains du syndicat américain, en raison des avantages pécuniaires que M. Morgan leur avait offerts. Celui-ci se trouvait ainsi, du jour au lendemain, à la tête d'une flotte considérable de 122 navires d'ensemble 871.000 tonnes.

« Les journaux anglais, pour calmer l'émotion de leurs compatriotes, leur font remarquer que le trust ne comprend pas la célèbre compagnie *Cunard*, qui détient le record de la vitesse, rivalisant avec les lignes allemandes, ni l'*Anchor Line*, l'*Allan*, la *Manchester* et d'autres encore, ni les compagnies françaises, danoises, italiennes, autrichiennes, néerlandaises, qui toutes ensemble disposent d'un tonnage supérieur à celui du trust. Mais ces compagnies sont isolées et ne disposent pas des capitaux considérables des Américains.

« L'Allemagne s'est si bien rendu compte du danger qu'elle a pris les devants ; l'empereur, toujours bien informé des projets américains, avait pressenti, dès le mois de juillet 1901, ce qui allait se passer : il invita dès lors les deux grandes compagnies allemandes, le *Norddeutscher Lloyd* et la *Compagnie Hambourgeoise américaine*, à prendre leurs mesures pour ne pas se laisser jouer dans cette lutte d'intérêts. Le résultat répondit à ces peines. Les compagnies allemandes ont pu traiter d'égal à égal avec le *trust* américain, au lieu de subir ses conditions ; elles se sont alliées à lui, sans se laisser absorber, remportant une victoire que les Anglais ne peuvent s'empêcher de constater avec amertume. Ce succès incontestable tient sans doute à la puissance des deux compagnies, qui, réunies, représentent un tonnage à peu près égal à celui des compagnies anglaises participantes au *trust*.

« Le trust de l'Océan consiste donc en une fusion entre certaines compagnies anglaises et américaines et en une entente avec les deux grandes compagnies allemandes. La fusion n'est pas encore opérée, mais elle est en bonne voie. Il ne manque plus que l'assentiment des actionnaires des compagnies, et cet assentiment est à peu près certain.

« Quant aux autres compagnies anglaises restées indépendantes, il est très possible qu'elles se rallient, elles aussi, l'hypothèse d'un trust rival devant être exclue. On voit très clairement, en effet, l'avantage qu'a toute ligne concurrente à faire partie de la combinaison ; on ne voit pas l'avantage qu'elle pourrait avoir à lutter contre elle. Peut-être n'y a-t-il désaccord que sur le prix de rachat.

« En France, le seul concurrent du trust, la Compagnie générale transatlantique, a déclaré qu'aucune négociation n'a été engagée avec elle.

« Les conditions de l'entente sont connues. En premier lieu, il est stipulé que chacun conservera les positions acquises et qu'aucune extension d'activité du trust ou des compagnies allemandes ne pourra avoir lieu sans un accord spécial. Le trust n'enverra pas de navires dans les ports allemands ; il ne laissera pas plus de deux paquebots relâcher à un port français en une semaine, tant que les Allemands n'augmenteront pas le nombre de leurs escales en France. De leur côté, les compagnies allemandes ne toucheront aucun port belge dans leurs services nord-américains ; elles ne pourront faire relâche en Angleterre que trois cents fois en tout par an, soit soixante-quinze fois à l'aller et soixante-quinze fois au retour pour chacune des deux compagnies. Cet état de choses ne peut être modifié que d'un commun accord entre les parties. En retour de ces engagements, les compagnies se prêteront un appui mutuel contre une concurrence extérieure. Qu'une ligne quelconque appartenant au trust se trouve menacée par la concurrence d'une ligne indépendante, elle devra être soutenue dans sa lutte par les six autres.

« Pour les prix de passage d'Europe en Amérique, un tarif commun est établi, mais aucune convention ne règle le fret. Ce détail précise bien le véritable but de la convention. Si les Américains avaient voulu s'emparer de la navigation de l'Atlantique directement et pour elle-même, ils auraient établi des tarifs généraux pour le fret. Les Américains n'ont voulu qu'une chose, être maîtres d'une flotte commerciale suffisante pour assurer l'exportation de leur industrie. Le trust de l'Océan, estime M. Paul de Rousiers, spécialiste dans ces questions, est un prolongement du trust de l'acier.

« La communauté d'intérêts entre le trust et les deux compagnies allemandes est réglée comme suit : le trust remettra chaque année à chacune des deux compagnies six pour cent sur le quart de leur capital. En retour, chacune des deux compagnies remettra au trust le quart de ses bénéfices.

« Les Américains n'étaient donc pas seulement les plus qualifiés pour cette entreprise colossale, ils étaient aussi les plus intéressés. Ils sont aujourd'hui les plus grands producteurs de houille, de fonte, d'acier. Et leurs méthodes leur permettent de faire dans ces domaines concurrence à l'Europe en donnant à leurs ouvriers des salaires beaucoup plus élevés que ceux des ouvriers européens similaires. Ils vendent leurs produits moins cher tout en payant leurs ouvriers plus cher. Mais pour faire concurrence à l'Europe, il faut une flotte commerciale.

« Tant que les marchandises exportées par l'Amérique furent surtout d'origine agricole, les Américains ne se soucièrent pas de développer leur marine marchande. L'Europe avait besoin de leurs produits et pensait elle-même à les transporter. Mais maintenant ce ne sont plus des cultivateurs isolés, la plupart sans capital, qui ont besoin des transports maritimes, mais des industriels groupés, disposant de gros capitaux, et les produits qu'ils exportent, au lieu de combler des vides comme les blés ou la viande, ont la prétention de supplanter des produits européens. Dans ces conditions, il faut atteindre le consommateur par les voies les plus économiques. Depuis quarante ans, c'est-à-dire depuis la guerre de Sécession, ils ont négligé les transports maritimes. Il y reviennent avec une expérience perfectionnée des grandes combinaisons industrielles. L'organisation défectueuse de la navigation commerciale les choque et ils vont la renouveler par des méthodes empruntées à d'autres industries.

« Le nouveau trust constitue un type inconnu jusqu'ici, moins artificiel que ses prédécesseurs, plus compréhensif, un trust international. Il en existe déjà, il est vrai, mais ils ne portent que sur certains produits spéciaux : le pétrole, la soude, le borax. Ils sont dus soit à la rareté de certains gisements, soit à la supériorité d'une méthode de fabrication. Le trust de l'Océan est un organisme international, et non un organisme quelconque, mais l'organisme essentiel du commerce maritime. C'est le début d'une véritable révolution économique et politique.

« Le public doit-il s'en alarmer ? L'avenir le renseignera. Dans tous les cas, la concurrence ne sera écartée victorieusement par le trust qu'à la condition expresse qu'il servira l'intérêt général, qu'il n'abusera pas de sa situation prédominante pour rançonner la clientèle. Précisément parce qu'il ne s'appuie pas sur l'autorité publique, il faut qu'il trouve en lui-même toute sa force, et il ne la trouvera que si son organisation répond à l'objet qu'il se propose.

« Au point de vue politique, le trust est américain ; il compte dans sa flotte des navires dont les uns battent pavillon américain, les autres pavillon anglais. L'Angleterre doit se résigner à voir des navires anglais possédés par une société américaine. Mais, depuis quelques années, l'Angleterre sait qu'elle ne peut plus prétendre à dominer le commerce maritime. Les Allemands, par la nature du contrat signé avec le trust, ont défendu avec un soin plus jaloux leur liberté d'action et la nationalité de leurs bâtiments.

« Quant à l'opinion française elle n'est pas préparée à accepter de prendre part à cette combinaison. « Ce qui dans l'affaire du trust de l'Océan nous inquiète le plus, » écrit M. Baudin, ancien ministre des travaux publics, dans le *Figaro*, « c'est que nous n'en sommes pas ou qu'on ne nous a pas proposé d'en être. »

« Comment en serait-il autrement, » répond M. de Rousiers, « quand toute entente industrielle entre producteurs français soulève les défiances les plus injustifiées ? »

« Nous n'avons pas encore compris qu'il n'est plus possible de faire de l'industrie et du commerce avec les méthodes d'autrefois ; qu'on n'atteint pas la clientèle éloignée avec les armes à courte portée qui suffisaient il y a quarante ans ; que, si la concurrence libre est un grand progrès sur le privilège, la concurrence spontanément réglée par les intéressés au mieux du bien-être général est un non moindre progrès sur la concurrence désordonnée. »

Du *Temps*, 3 octobre 1902 :

Angleterre.

« Notre correspondant de Londres nous écrit à la date du 1er octobre :

« Le gouvernement britannique a fait connaître, hier, les termes des arrangements qu'il a pris tant avec le trust de l'Océan qu'avec la Compagnie Cunard, son rival le plus puissant.

« Celle-ci devra construire deux nouveaux paquebots-croiseurs à grande vitesse. Le gouvernement en avancera le prix de construction, à charge de le rembourser en vingt annuités avec 2 3/4 °/₀ d'intérêt. A partir du moment où ils commenceront à naviguer, la subvention de 700.000 francs que reçoit la compagnie sera portée à 3.750.000 francs. Il est entendu, en outre, que ses actionnaires et ses directeurs devront tous être sujets britanniques.

« Le syndicat Morgan s'engage, de son côté, à laisser à ses paquebots leur pavillon actuel et à employer des officiers et un minimum fixe de matelots britanniques. La moitié au moins du tonnage qu'il ajoutera à la flotte qu'il possède déjà, devra porter aussi le pavillon anglais. En échange, il sera traité sur le pied d'une égalité parfaite avec les compagnies britanniques indépendantes. Ce traité, comme le précédent, est valable pour vingt ans.

« Le bruit court, ce soir, que M. Pierpont Morgan s'efforce de décider une compagnie de chemins de fer anglaise à accorder des tarifs de faveur aux marchandises expédiées d'Amérique par l'intermédiaire de son trust. Il a échoué auprès de la London and North Western Company, mais il est prêt, dit-on, à abandonner Liverpool pour un autre point de départ et d'arrivée si une autre compagnie lui fait les concessions qu'il désire. »

Du *Matin*, 3 octobre 1902 :

Un malentendu.

« M. Charles Steele, membre de la maison J.-P. Morgan and Co, dit que M. Gerald Balfour a dû se tromper en disant que la majorité des directeurs seraient de nationalité anglaise. Il a vraisemblablement voulu dire que la majorité des directeurs des compagnies britanniques faisant partie du trust étaient anglais.

« Il serait utile de faire remarquer que la liste des directeurs du trust Morgan comprend huit Américains contre cinq Anglais, tandis que le comité exécutif et le comité des finances se composent exclusivement d'Américains.

« On rappelle en outre que l'accord intervenu entre le gouvernement britannique et la combinaison Morgan porte seulement que la majorité des directeurs des compagnies britanniques faisant partie de la combinaison doivent être toujours de nationalité anglaise.

« Il est intéressant de noter d'ailleurs que le nom de M. Morgan ne figure pas dans la liste des directeurs ; cependant, sir Clinton Dawkins, président du comité britannique, est l'un des associés de la Maison Morgan de Londres.

« M. Bruce Ismay, l'un des directeurs anglais, est le chef de la White Star Line, l'importante compagnie anglaise faisant partie du trust. M. Pirrie est le chef de la maison de construction maritime Harland and Wolff, maison qui doit construire un certain nombre des navires dont disposera la combinaison. »

Du *Temps*, 4 octobre 1902 :

« Notre correspondant de Londres nous écrit, au sujet des trusts :

« Le trust de l'Océan portera le titre officiel de Compagnie de la marine marchande internationale. Son capital sera de 600 millions avec, en surplus, 375 millions d'obligations.

« Le chemin de fer canadien du Pacifique a décidé hier d'établir un nouveau service de paquebots pour le transport exclusif des marchandises entre le Canada et l'Europe.

» Voici la situation présente du trust de l'Océan et des lignes transatlantiques britanniques : Navires exclusivement britanniques subventionnés par le gouvernement anglais :

Cunard Line, 18 navires, 120. 146 tonnes.

Combinaison Morgan, navires britanniques :

White Star Line, 26 navires 250.000 tonnes ; Dominion Line, 8 navires, 73,749 tonnes ; Leyland Line, 46 navires, 293,015 tonnes.

Navires américains de la combinaison Morgan :

American Line, 25 navires, 184,000 tonnes ; Atlantic Transport Line, 12 navires, 78,798 tonnes.

Navires étrangers ayant un arrangement avec la combinaison Morgan :

Norddeutscher Lloyd, 120 navires, 556,000 tonnes ; Hamburg Amerika Line, 134 navires, 668,000 tonnes ; Holland Amerika Lijn, 8 navires, 76,518 tonnes.

« En somme, les chiffres précédents démontrent qu'il y a : 80 navires britanniques dans la combinaison Morgan avec 616,761 tonnes, 37 navires américains avec 262,798 tonnes, 262 étrangers avec 1,300,518 tonnes.

« En outre, il existe 18 navires exclusivement britanniques avec 120,146 tonnes. »

Du *Matin*, 4 octobre 1902 :

Les premières réformes. — L'échelonnement des départs.

« New-York, 3 octobre. — M. Ismay, membre du conseil d'administration du comité anglais du trust de l'Océan, qui a quitté New-York aujourd'hui à bord du *Celtic*, a déclaré avant son départ qu'un des premiers changements serait l'établissement d'un service quotidien entre l'Europe et l'Amérique et l'abolition du système actuel qui consiste à faire partir plusieurs steamers le même jour.

« J'ai l'intention, a-t-il dit, de demander aux lignes allemandes de coopérer avec nous à ce sujet et de faire cesser une concurrence peu avantageuse. » (*Laffan*).

Hausse des prix de passage.

« New-York, 3 octobre. — Le *Mail and Express* dit que la Compagnie internationale de marine marchande (le trust de l'Océan) a haussé le prix de voyage de seconde classe de cinq dollars (vingt-cinq francs) et que les lignes allemandes et la ligne Cunard ont fait de même. »

Ce qu'on dit à Hambourg.

« Berlin, 3 octobre. — La nouvelle de l'arrangement intervenu entre le gouvernement anglais et la Compagnie Cunard a provoqué naturellement une certaine émotion dans les cercles maritimes à Hambourg. La création du trust de l'Océan a donné lieu à des manifestations de joie ; on croyait, en effet, que cette combinaison pourrait être préjudiciable au commerce maritime anglais et qu'elle pourrait empêcher l'Angleterre de se procurer les croiseurs rapides nécessaires en temps de guerre.

« On adopte maintenant une attitude toute différente.

« La *Hamburger Boersenhalle*, dans un article qu'elle consacre à cette question, dit :

« Ce qui nous intéresse, c'est l'influence véritablement révolutionnaire que doit exercer, sur tous les services de voyageurs de l'Atlantique septentrional, la politique des subventions que vient d'inaugurer le gouvernement britannique. Les deux grandes compagnies maritimes allemandes ont démontré que le transport des voyageurs entre l'Europe et l'Amérique du Nord peut s'effectuer dans de brillantes conditions sans aide de la part de l'Etat ; en faisant concurrence aux compagnies étrangères, elles ont toujours gardé la tête.

« Il est déplorable que la puissance du trésor britannique soit venu modifier la base de cette concurrence dans laquelle l'énergie et l'intelligence ont constitué jusqu'ici les seuls facteurs décisifs. Pour sauvegarder les intérêts nationaux, les gouvernements des autres pays se verront maintenant obligés de suivre l'exemple que vient de donner le gouvernement de la Grande-Bretagne. (*Times*). »

Du *Rentier*, 7 octobre 1902 :

Le trust Morgan.

« Le trust de l'Océan vient d'être « incorporé » à Trenton, New-Jersey, par l'enregistrement des documents qui modifient les statuts primitifs. Au lieu de « International Navigation Company », le trust sera dénommé « International Mercantile Marine Company » et le capital est porté de 15 millions à 120 millions de dollars, dont la moitié consiste en actions de préférence avec dividendes de 6 % cumulatifs. La Compagnie est également autorisée à émettre des obligations 4 1/2 0/0 jusqu'à concurrence de 75 millions de dollars. Le président est M. C.-A. Griscom.

« Un membre du comité de direction a déclaré dans une « interview » qu'il n'était pas tout à fait exact de dire, avec M. Balfour, que les intérêts anglais auraient le premier rang dans la combinaison. Il est possible que les compagnies subsidiaires du trust soient aux mains de sujets britanniques, mais la majorité des administrateurs de la Compagnie dirigeante sera américaine. »

VII

Si le trust de l'Océan a plutôt flatté l'amour propre américain, le trust de la viande provoqua une émotion si profonde et des protestations si générales que le sénateur Mitchell de l'Oregon attira l'attention du Sénat sur les agissements d'un syndicat nouvellement formé, disait-on, au capital de trois milliards.

Le bœuf avait, en effet, subi, en avril dernier, une hausse importante et était brusquement passé du prix de 85 centimes la livre anglaise pour la viande de première qualité, au prix de 1 franc, tandis que les parties inférieures vendues jusque-là 55 centimes étaient montées au prix de 70. Les classes populaires protestèrent vivement par l'organe de leurs syndicats; et les journaux de toutes nuances prirent à partie le *Beef trust*, réclamant l'application des lois destinées à empêcher la formation des monopoles.

Les maisons de Chicago incriminées se défendirent, disant que le prix du bétail avait augmenté et que cette augmentation avait naturellement fait monter le prix de la vente au détail de la viande.

Mais, à cette allégation, un organe d'un des grands marchés de l'ouest « *Le journal de Kansas City* » répondait :

« Il y a un an, le bœuf sur pied se vendait à Kansas City de 25 fr. 75 à 27 fr. les cent livres; hier, 15 avril, les cours ont été de 32 fr. 75 à 35 fr. les cent livres. Or pendant cette même période, le *trust* de la viande (*Beef trust*) a élevé ses prix de gros de 32 fr. 50 à 52 fr. 50 les cent livres »

L'émotion causée par l'augmentation du prix de la vente au détail fut telle à Chicago que, d'après une correspondance envoyée de New-York au « *Berliner Tag-*

blatt, » des incidents violents se produisirent ; la police dut faire usage du révolver ; il y eut 150 blessés.

New-York fut le théâtre d'une sorte de soulèvement dont nous empruntons les détails à « l'*Outlook* » du 24 mai dernier :

« On connaissait bien des émeutes causées par le prix du pain, mais des émeutes pour celui de la viande, c'est ce qui ne s'était point vu encore. Or, l'agitation contre les grandes maisons de viande a été accompagnée, la semaine dernière, de curieux désordres dans les quartiers juifs de New-York. On en voulait aux bouchers juifs dont la viande est inspectée et reconnue conforme aux prescriptions de la loi de Moïse. Les mécontents prétendaient que ces débitants, assurés de réussir à faire la loi aux juifs orthodoxes, avaient élevé scandaleusement les prix, convertissant une hausse d'un quart de sou (*cent*) des prix du gros en une hausse de trois sous des prix du détail. Alors éclata ce que les journaux de la synagogue appellent une révolution de femmes. Non contentes de boycotter elles-mêmes les marchands et de pousser chacun à en faire autant, elles exposèrent leurs griefs par circulaires en disant : N'achetez plus de viande et ne laissez plus d'autres gens en acheter, et en reprochant aux débitants de mieux aimer les diamants que l'humanité. Pendant ce temps, les agitatrices enlevaient aux acheteurs qui refusaient de se joindre à elles leur achat de viande, jetaient la marchandise dans la rue ou l'arrosaient de pétrole. A un certain moment environ 3,000 femmes surexcitées encombrèrent les rues du soi-disant Ghetto, et se livrèrent à de nombreux actes de violence, peu dangereux d'ailleurs. La police se trouva impuissante à assurer l'ordre, et elle n'opéra pas moins de 600 arrestations en un jour. Quelques devantures de boucheries furent enfoncées et la viande jetée dehors. »

A la suite de ces incidents, le procureur général des Etats-Unis ordonna des poursuites contre les membres du *trust* de la boucherie, sous l'inculpation d'avoir violé la loi qui interdit tout accord tendant à élever les prix ou à entraver la liberté des transactions.

On croit que les six grandes maisons de Chicago poursuivies sont celles qui embrassent à peu près toute l'industrie de la viande aux Etats-Unis, savoir : MM. Armour, Swift, Morris, Hammond, Cudahy et Schwarzschild, et Sulzberger. A la suite de ces menaces sérieuses de poursuites ces maisons baissèrent spontanément un peu leurs prix. Voici un autre renseignement : « Le président Roosevelt vient d'ordonner que les grands éleveurs de bétail de l'Ouest, faisant partie de la grande « combinaison » de l'industrie de la viande, doivent cesser de s'attribuer le monopole de la jouissance des terres domaniales où leurs *cow boys* gardent de gigantesques troupeaux, et enlever les clôtures qu'ils avaient posées pour faciliter, disent-ils, la surveillance de leurs multitudes d'animaux. Tout colon doit avoir les mêmes droits à la jouissance de ces pâturages non encore appropriés, que les rois de l'élevage, qui les avaient accaparés avec un si remarquable sans-gêne ».

De tels évènements n'étaient pas de nature à apaiser une opinion publique déjà surexcitée. Aussi les politiciens opposés aux trusts désirant utiliser la popularité du chef de l'Etat, commencèrent-ils à publier des notes dans ce genre :

« États-Unis, 18 septembre 1902,

« Le président Roosevelt a eu hier une importante conférence avec les sénateurs Lodge, Aldrich, Hama et Spooner, leaders républicains du Sénat. Il y aurait été arrêté un plan relatif à la révision des tarifs et au contrôle des trusts. Une récente enquête a révélé que beaucoup de produits américains exportés sont vendus à meilleur marché au dehors qu'aux Etats-Unis. Le président favoriserait une réduction des tarifs sur l'entrée des produits étrangers similaires, la réciprocité avec Cuba et le contrôle des trusts par un amendement aux statuts constitutionnels de l'Union. Ces questions formeront le thème des discours que le président prononcera au cours de la nouvelle tournée qu'il va entreprendre dans les Etats de l'Ouest vers la fin du mois. (*Le Temps*).

« La convention du parti républicain de l'Etat de l'Idaho a voté une résolution en faveur de la franchise douanière pour les produits et marchandises contrôlés par les trusts et pour les articles qui n'ont pas besoin de protection. »

Ou bien encore :

« L'attitude de plus en plus nette que le président prend à l'égard des trusts commence à lui aliéner les chefs du parti républicain plus ou moins inféodés à ces syndicats. Ils ont tenté d'amener M. Roosevelt à cesser de préconiser le contrôle des trusts par une législation fédérale, en le menaçant de ne pas appuyer sa candidature pour la présidence en 1904.

« M. Pierpont Morgan lui-même est intervenu. M. Roosevelt a répondu qu'il préférait faire ce qu'il croyait être juste plutôt que d'être président. »

Mais en fait il ne semble pas que le premier magistrat des Etats-Unis se soit laissé entraîner bien loin dans une lutte contre les trusts.

Nous lisons dans le *Journal de Genève*, du 4 octobre 1902 :

« M. Roosevelt et les « trusts ».

« Nous avons sous les yeux le compte rendu publié

« par autorité du président des Etats-Unis » des harangues que ce même président, M. Roosevelt, vient de prononcer dans sa tournée à travers Providence, Boston, Bangor, etc., bref, les Etats de la Nouvelle-Angleterre en général. Nous disons le compte rendu des harangues : ce n'est pas tout à fait exact, car ce fascicule ne contient que les parties des harangues ayant trait à la question brûlante des trusts.

« L'orateur, qui est revenu souvent sur les mêmes idées, mais en se réservant pour chaque discours un point spécial mis en pleine lumière, a parlé de l'avènement des trusts. Ils résultent, selon lui, du développement prodigieux de l'industrie en notre temps et aussi du fait que les populations tendent à s'agglomérer dans les villes ; les gens, vivant moins isolés, ont été incités par leurs nouvelles conditions d'existence à pratiquer l'association sous toutes ses formes. Les trusts sont donc un produit naturel du mouvement économique actuel, et ils ont réalisé des progrès considérables, qui ne pouvaient s'accomplir que par leur moyen ; il s'agit seulement de les empêcher de nuire.

« Pour ce faire, une loi nationale est indispensable, mais cette loi exigera un amendement à la Constitution actuelle, laquelle, élaborée à une époque où l'industrie était encore dans l'enfance, avait tout simplement abandonné aux Etats respectifs de l'Union le soin de la réglementer. Le chef de l'Etat a recommandé aussi une publicité de la comptabilité des trusts répondant aux exigences légitimes des pouvoirs publics et du public lui-même. « Cette publicité, » a déclaré le président, « encore qu'elle évite ce qui serait inquisitorial, doit être réelle et complète pour tous les faits importants dont le public à affaire. »

« Le président ne se flatte pas de faire front aux

trusts sur toute la ligne : il convient tout d'abord de commencer à les soumettre à un régime normal, et de telle manière que l'on puisse ensuite continuer progressivement, sans à coup, sans avoir à revenir sur les dispositions qui auront été prises. En attendant les mesures en projet, l'exécutif américain s'efforcera de veiller à la stricte application de toutes les lois actuelles pouvant être tournées contre les abus des trusts. »

A Cincinnati (Ohio) dans un grand discours inaugurant sa tournée dans l'Ouest, « le président Roosevelt, dit « *Le Temps* », a principalement traité la question du tarif et des trusts et l'on reconnait dans son argumentation l'influence des idées échangées et du plan arrêté avec les leaders républicains dans la conférence d'Oyster Bay. Il a combattu la proposition tendant à remédier aux inconvénients qu'ils présentent par des modifications du tarif. Il a fait remarquer que les produits fabriqués par un grand nombre de trusts ne sont point protégés et seraient peu ou point affectés par des modifications de ce genre. Il a cité comme exemple la « Standard Oil Corporation », ainsi que les corporations contrôlant la production de l'anthracite.

« Les trusts peuvent être atteints par la suppression des avantages d'un tarif protecteur, mais seulement aux dépens de leurs petits compétiteurs et de tous les ouvriers salariés intéressés.

« Le seul remède aux inconvénients des trusts consiste, d'après le président, en une législation sage et prudente. M. Roosevelt a abordé alors l'idée d'un amendement à la Constitution donnant au gouvernement fédéral le contrôle des trusts.

« Je sais, a-t-il dit, que la mesure demandera du temps. Je sais que le peuple est réfractaire à d'aussi graves innovations, si elles n'ont des raisons absolument fondées. Or, dans l'espèce, je suis convaincu que ces raisons existent. Le fait même que la mesure exigera du temps est une garantie qu'elle sera discutée à fond, envisagée avec calme, de manière à prévenir toute action irréfléchie. Je n'ai pas l'intention d'esquisser cet amendement qui doit sortir d'un débat et d'un accord, mais je crois que tous les obstacles pourront être écartés, si on aborde la question avec une ferme résolution de les vaincre, sans porter préjudice à notre développement industriel. »

.·.

Citons encore :

« M. Roosevelt a défini, dans un discours qu'il a prononcé à Worcester (Massachusetts) ses idées et son attitude envers les trusts.

« Il a prié ses auditeurs de bien se rendre compte de la stupidité d'un homme qui, soit par inimitié, soit par bêtise, dirait : « Détruisons les trusts. »

« S'il disait : « Détruisons ce qu'il y a de mal dans les trusts », le président serait de l'avis de cet homme et chercherait à appliquer les moyens de remédier à ce mal, moyens qu'il a déjà indiqués ; mais, s'il s'agissait de détruire les trusts de façon à faire disparaître la prospérité du pays, il s'y opposerait fermement, car l'avocat d'une semblable cause serait ou un charlatan, ou un ennemi de la République.

« Puis il a ajouté :

« Je crois que nous pouvons faire des lois qui augmenteraient sensiblement les moyens d'action du gouvernement fédéral à l'égard des trusts, mais je pense qu'en définitive il nous faudrait recourir à un amendement à la Constitution qui confère à ce gouvernement des pouvoirs plus étendus dans ce sens. Cela présentera des difficultés et demandera du temps. »

On voit par ce qui précède que le président prend le temps de réfléchir. Car il faut se rappeler qu'un amendement à la Constitution, cas prévu par l'article V de la Constitution des Etats-Unis, n'est possible que sur la proposition des deux tiers des membres des deux Chambres, ou sur la demande des deux tiers des législatures des divers Etats de l'Union ; encore dans l'un ou l'autre cas, l'amendement pour être valable doit-il être ratifié par les législatures des trois quarts des divers Etats.

M. Alfred Neymarck, économiste bien connu, publiant fin décembre une revue financière de l'année 1902, intitulait son article : « L'année des trusts » et avançait que les deux faits principaux de l'année étaient : la Convention de Bruxelles et l'invasion économique des Etats-Unis. De la Convention de Bruxelles sur le régime des sucres nous n'avons rien à dire, elle n'entre pas dans le cadre de notre étude ; quant à l'invasion économique de l'Europe par les Etats-Unis, le savant économiste en voit la cause en ce que « les nations européennes longtemps indifférentes et somnolentes sont préoccupées d'accroître leurs armements et dépenses de guerre, tandis que les Etats-Unis ont eu sans cesse l'esprit tourné du côté du développement de leur commerce et de leur industrie ». A l'appui de cette opinion il montre les dettes publiques européennes augmentant depuis 1870 leur capital de 55 milliards ; l'intérêt de ces dettes passant de 3 milliards et demi à 7 milliards ; et il ajoute : « Quand on voit ce que coûte le seul maintien de la paix armée, on a le droit de se demander ce que coûterait la guerre elle-même et si l'Europe, dans l'état financier où elle se trouve, pourrait la supporter longtemps ». Comme contraste à ces réflexions il s'écrie : « Mais a-t-on fait le bilan de la paix ? A-t-on calculé ce que rapporteraient l'utilisation des nombreux capitaux employés à des dépenses improductives, le travail de millions d'hommes qui se trouvent sous les armes ? A-t-on calculé le bien que produirait une diminution dans les impôts qui frappent aujourd'hui les contribuables de tous les pays ? Sur ce point les États-Unis donnent un exemple utile à retenir, bien que cet exemple eût été plus probant encore si, dans cette période même, les États-Unis n'avaient pas, eux aussi, tenté le sort des armes à Cuba et aux Philippines. D'après une statistique du « *Journal du commerce de New-York* » de 1896 à 1901, la population des États-Unis s'est accrue de 10 0|0; la production du fer, de 100 0|0 ; celle du charbon, de 56 0|0 ; du cuivre, de 31 0|0; la récolte du blé, de 50 0|0; du coton, de 45 0|0 ; les importations ont augmenté de 28 0|0 ; les exportations de 44 0|0 ; les exportations des produits manufacturés, de 58 0|0 ; enfin les salaires se sont élevés de 36 0|0.

« . . . . Supposons que, malgré tous les efforts pacifiques, l'Europe continue à se séparer en tranches et à préparer la guerre ; les trusts sont là qui vont lui faire concurrence. » Et il conclut à la nécessité d'une conférence économique internationale pour unifier les droits de douane qui frappent le blé, le charbon, etc. Une conférence économique internationale serait une excellente chose en tant que préparation à une ère pacifique, mais nous ne voyons pas bien comment elle nous mettrait à l'abri des trusts américains, si la puissance de ces derniers réside, — de l'aveu de plusieurs auteurs — dans l'économie de ressort résultant de la réduction des états-majors industriels, de la perfection des méthodes de production, de la pureté des minerais de fer comme il a été dit des produits du lac Supérieur, du bon marché des cokes de Pensylvanie.

D'autre part, M. Lazare Weiller, qui fut envoyé en

mission aux Etats-Unis par les ministères de la marine, du commerce et des finances, nous donne (journal « *Le Temps* ») sur les trusts américains et les conditions dans lesquelles ils se sont développés, des détails intéressants. Son étude est à lire toute entière, mais, faute de place, nous ne lui emprunterons que quelques détails relatifs à l'organisation financière actuelle des Etats-Unis. L'organisation financière américaine se manifeste sous deux formes : 1° Les banques nationales, dont le nombre en décembre 1901 était de 4,291, disposant de 4 milliards 750 millions de francs ; 2° Les « *trusts companies* », rivales des banques nationales. Ces « *trusts companies* » sont surtout des banques de dépôts qui n'ont pas d'équivalent en Europe. Elles remplissent le rôle de tuteur, de curateur, de notaire ; et c'est chez elles que l'homme riche qui meurt laissant un enfant en bas âge ou le mari qui ne croit pas sa femme capable de conserver sa fortune à ses enfants, dépose ses fonds et charge par testament la « *trust companie* » de les administrer et d'en répartir les revenus, en stipulant qu'une partie du dépôt restera disponible tandis que l'autre partie entrera dans les affaires de la banque, laquelle sert alors un dividende variable selon la prospérité de ses affaires.

Pour qu'un établissement de cette nature puisse vivre et se développer, il lui faut gagner la confiance du public. La loi et les statuts sociaux imposent aux administrateurs la plus scrupuleuse probité et la plus sage circonspection. Les « *trusts companies* » sont sous la surveillance d'un corps de fonctionnaires publics analogue à nos inspecteurs des finances.

Quoique fondées depuis plus de cinquante ans, ces sociétés, « *trusts companies* », n'ont pris de l'extension que depuis une quinzaine d'années. Elles doivent leur succès aux soins scrupuleux qu'elles ont mis à prendre comme conseils les hommes de lois les plus réputés, et comme administrateurs les financiers les plus solides. Dans leurs délicates fonctions, elles se sont toujours montrées dignes de la confiance du public américain et, en fait, aucune de ces sociétés n'a encore été victime d'un désastre financier. Les lois leur interdisant les placements aléatoires, les opérations aventureuses, elles ne font que très peu d'escompte, n'acceptent que très peu de dépôts de fonds immédiatement exigibles, et n'emploient guère ceux qui leur sont confiés qu'à des avances sur titres, consenties avec toutes les marges et toutes les garanties usitées. De cette prudence dans la manière d'opérer, il est résulté que les dépôts des « *trusts companies* » et leurs avances sur titres qui s'élevaient, il y a dix ans, à la somme de 1 milliard 800 millions de francs ont atteint, en 1901, le chiffre énorme de 6 milliards 500 millions de francs, dépassant ainsi et de beaucoup la puissance financière des banques nationales. Tels sont à grands traits les renseignements que nous donne M. Lazare Weiller sur l'organisation financière des Etats-Unis.

D'après lui, les « *trusts companies* » ont transformé les compagnies de chemins de fer américaines et fourni un appoint considérable de capitaux aux grands trusts industriels qu'ils ont ainsi rendu possibles. « En résumé, la « *trust companie* » lui apparaît aujourd'hui comme le type des établissements futurs de banques américaines et comme l'instrument perfectionné, à la fois sensible et irrésistible, des transformations industrielles de la grande Amérique. La « *trust companie* » est appelée à succéder au type démodé des banques nationales. Il n'est pas téméraire de penser que lorsque les méthodes importées d'Europe et perfectionnées aux Etats-

Unis seront admises par la législation financière, ce pays si résolument novateur se trouvera en possession d'un instrument de crédit qui paraît devoir dépasser toute prévision. »

Parmi les détails curieux que M. Lazare Weiller met en lumière dans son étude, nous remarquons celui-ci : « La fondation des trusts coïncide toujours avec des périodes où les affaires sont rares, où de nombreux outillages sont inoccupés et où, par conséquent, leurs détenteurs peuvent être plus facilement amenés à une entente qui peut leur paraître avantageuse. » A l'appui de son affirmation, il cite divers exemples, entre autre le trust du Wiskey ; mais il remarque aussi que « partout où vit l'homme ses entreprises valent ce qu'il vaut lui-même et que si, dans ce pays neuf, ouvert à toutes les initiatives, certaines conceptions gigantesques ont abouti, c'est qu'elles ont trouvé pour les mettre en œuvre un Rockefeller, un Vanderbilt, un Carnegie ou un J. Pierpont Morgan. »

Evidemment, il faut des hommes pour l'organisation des choses et des hommes ayant l'intuition des organismes propres à satisfaire les besoins naissants de demain. M. Lazare Weiller nous paraît doué de cette faculté quand il écrit : « Qui sait même si la conciliation rêvée entre le capital et le travail, si la solution de la question sociale n'est pas déjà enfermée, germe fragile, dans ces trusts puissants. »

Il y est probablement ce germe fragile, car les trusts actuels jouent dans l'ordre économique ce rôle constructeur que prirent autrefois les monarchies absolues en unifiant les membres épars des nations et en introduisant, par des moyens divers, un peu d'ordre dans le vieux chaos féodal. Il y était certainement ce germe fragile, car ces monarchies évoluèrent et évoluent encore lentement, par voie parlementaire, vers l'idéal démocratique qu'est la République; mais ce but politique, déjà réalisé en Europe et en Amérique par de grandes nations, est à peine entrevu par les plus clairvoyants dans l'ordre économique.

Et pourtant ce germe fragile d'accord entre le capital et le travail existe déjà, développé, dans ces formes sociales nommées coopératives; des millions d'hommes civilisés sont membres de ces sociétés de consommation et de production, qui sont de petites républiques économiques. Les affaires faites sous ce nouveau régime se chiffrent par des milliards de francs et pourtant, par leurs méthodes, elles écartent la spéculation.

Ce sont aussi des ententes, des trusts, ces puissantes associations qui prenant pour point de départ la plus large base existant au monde, la consommation, lentement, silencieusement, organisent et transforment commerce et industrie par étapes successives appropriées à leurs besoins.

Les trusts capitalistes à la recherche de débouchés devront compter un jour avec ces puissantes coopératives, s'adapter à leurs méthodes et le trust universel, le trust final, le trust véritable, celui des consommateurs à la fois producteurs et capitalistes, aura préparé ainsi son avènement.

Nîmes. — Typ. A. Chastanier, 12, rue Pradier.

www.ingramcontent.com/pod-product-compliance
Ingram Content Group UK Ltd.
Pitfield, Milton Keynes, MK11 3LW, UK
UKHW020402230726
13925UKWH00003B/1222